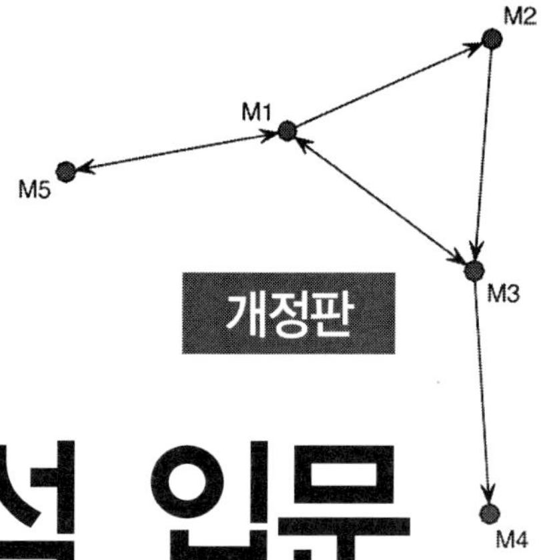

R을 활용한 사회네트워크분석 입문

개정판

Introduction to Social Network Analysis using R

허명회 저

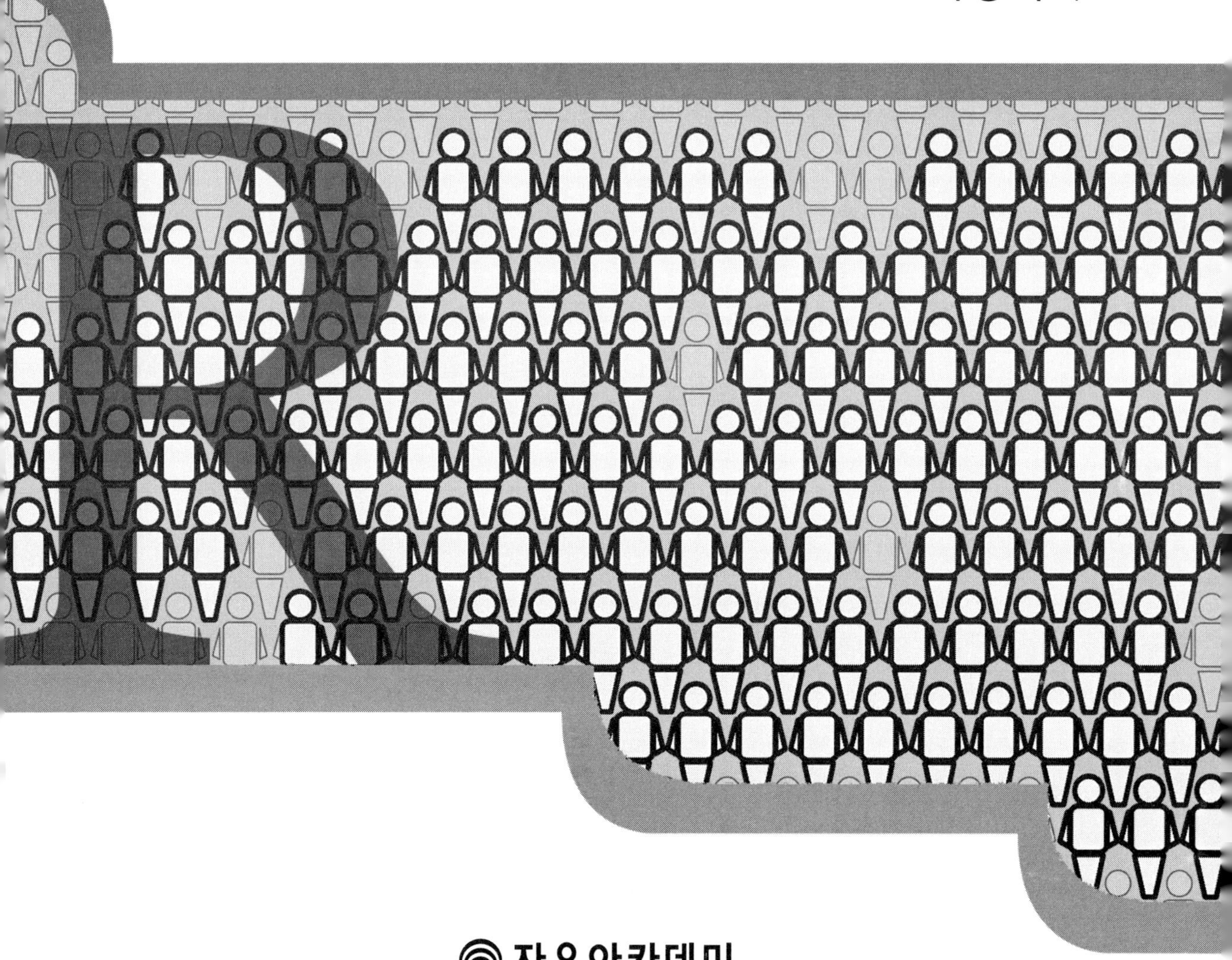

자유아카데미

머리말 PREFACE

사회네트워크(social network)는 다수의 연결된 또는 연결되지 않은 개인(또는 기관)으로 이루어진 사회적 구조이다. 여기서 연결 여부는 친구 관계, 성 관계, 금융거래, 통신 빈도, 직무적 접촉, 정보 제공 등 다양하게 정의된다. 네트워크는 수학적으로 n개의 점(點)과 이들을 잇는 선(線)들의 모음이다.

일군의 사회학자들이 수십 년 전부터 이런 네트워크 현상에 착안하고 이에 관한 이론을 개발하는 데 앞장을 섰다. 또한 수학자, 물리학자, 컴퓨터 과학자들의 공헌도 컸다. 국내에서도 사회학 분야에서 사회네트워크 이론을 활용한 다수의 응용연구가 수행된 바 있다.

최근 사회네트워크 이론은 사회학적 범주를 벗어나 다른 분야로 급속히 확대되고 있다. 특히 비즈니스 분석(business analytics)에서 그렇다. IT 기술을 기반으로 축적된 대규모 기업 자료에 적용되기 시작한 것이다. 금융과 통신 분야에서, 고객관계관리, 부정탐지, 마케팅 등의 문제에서 혁신적 응용이 산출되고 있다.

사회네트워크에 대한 대표적 고전은 Wasserman and Faust (1994)의 *Social Network Analysis: Methods and Applications* (Cambridge University Press)이다. 그런데 825쪽이 넘는 분량이여서 읽는 데 부담이 크다.

국내에서도 좋은 사회네트워크 전문서가 출판된 바 있다. 예컨대, 김용학 (2003, 2007)의 <사회 연결망 분석> (박영사)과 손동원 (2002)의 <사회 네트워크 분석> (경문사)을 꼽을 수 있다. 본 저자도 앞의 두 책을 읽고 많은 도움을 받았다.

앞의 두 책에서 주로 사용한 사회네트워크분석 소프트웨어는 UCINET이다. 이 프로그램은 60일간 무료로 사용할 수 있다 (http://www.analytictech.com/ucinet/). 쉽게 익힐 수 있기는 하나 너무 단순하여 최근의 다양하고 복잡한 응용문제에 사용하기 어려운 것으로 보인다.

한국기업 Cyram이 개발하여 상용화한 프로그램으로 NetMiner가 있다. 학생 버전은 무료로 얻을 수 있다 (http://www.netminer.com/). 상용 버전은 대규모 네트워크에 적용이 가능하다고 한다.

이 책은 R을 분석 도구로 활용한 사회네트워크분석 입문서이다. R은 오픈소스의 통계 계산 및 그래픽스를 위한 소프트웨어이다 (http://www.r-project.org). R에는 sna, igraph, ergm 등 사회네트워크분석을 위한 전문 패키지가 있다. 최신 기법이 구현되어 있고 유연하여 고급 활용이 가능하다. 이 책에서는 다루지 않았지만 statnet 프로젝트의 일부로 개발된 network도 매우 중요한 패키지이다 (Butts 2008, Handcock *et al.* 2008).

R은 통계학 외 분야 연구자들에게는 잘 알려져 있지 않으므로, 이 책의 부록으로 R 입문을 넣어 R과 관련 패키지의 설치, 기본 용법, 출력 그래프의 활용 등을 설명하였다. R은 스크립트를 작성하는 방식의 소프트웨어이다. 때문에, 첫 걸음 사용자들에게는 심리적 부담이 되기는 하지만 생각만큼 어려운 것은 아니다. 대부분 'Copy and Paste'로 충분하다.

이 책을 쓰는데 日本 Doshisha 대학의 金明哲 교수가 소개해준 鈴木 努(Suzuki, T)의 <ネットワ-ク 分析>(日書, 共立出版)이 큰 도움이 되었다 (Rで まなぶ デ-タ サイエンス No. 8). 이 책이 아니었다면 본 저자가 R의 sna 팩키지와 igraph 팩키지의 다양한 용법을 습득하는 데 무진 애를 먹었을 것이다.

이 책의 구성은 다음과 같다. 1장에서는 입문(入門)으로서 독자들이 사회네트워크와 R을 활용한 분석에 대해 대략적으로 이해할 수 있도록 하였다. 2장은 네트워크의 중심성(centrality)에 대하여, 3장은 네트워크의 특성과 부그룹에 대하여, 4장은 가중 네트워크에 대하여, 5장은 2부 네트워크(bipartite network)에 대하여, 6장은 R의 sna 팩키지에 대하여 보충 설명하였다. 7장은 네트워크 회귀 모형과 활용을, 8장은 R의 igraph 팩키지의 활용을 다루었다. 2012년 개정판에 새로 포함된 9장은 네트워크 모의생성, 10장은 네트워크 내 커뮤니티를 주제로 하였다. 그리고 R의 첫 걸음 사용자를 위하여 R 입문을 부록에 넣었다.

이 책에 쓰인 주요 팩키지 중 하나인 igraph의 옛 버전에서는 노드의 시작번호가 0이었으나 버전 0.6 이후에서는 이것이 1로 바뀌었다 (2012년 6월). 이에 따라 2014년 6월의 개정에서 일부 R 스크립트가 수정되었고 업데이트된 R 스크립트가 데이터 셋트와 함께 컴퓨터 파일로 출판사 홈페이지에서 올려져 있다 (자유아카데미, http://www.freeaca.com/). 파일 내려받기에 어려움이 있는 독자에게는 저자가 e메일로 보내드릴 수 있다.

고려대학교 연구실에서

저자 드림 (stat420@korea.ac.kr)

2010년 8월, 2012년 2월, 2014년 6월

차례 Contents

1장. 사회 네트워크 분석이란? INTRODUCTION

사회네트워크(social network)는 다수의 연결된 또는 연결되지 않은 개인(또는 기관)으로 구성된 사회적 구조이다. 여기서 연결 여부는 친구/친족 관계, 공통 관심, 금융 거래, 친근감, 성 관계, 신뢰도 등 다양하게 정의된다 (“social network”, Wikipedia, retrieved 2010/04/19). 사회네트워크분석(social network analysis, SNA)은 다수의 점(點, point)과 이들을 연결하는 선(線, line)으로 구성된 망(網, network)에 대한 사회과학적 · 통계적 분석이다.[1]

1. 사회네트워크분석의 단순 예

5명의 구성원 ‘M1’, ‘M2’, ‘M3’, ‘M4’, ‘M5’로 이루어진 팀이 있는데 이들 사이 메시지 통로가 다음과 같다고 하자.

$$
\begin{aligned}
&\text{M1} \to \text{M2}, \quad \text{M1} \to \text{M3}, \quad \text{M1} \to \text{M5},\\
&\text{M2} \to \text{M3},\\
&\text{M3} \to \text{M1}, \quad \text{M3} \to \text{M4},\\
&\text{M5} \to \text{M1}.
\end{aligned}
$$

이 예는 5개의 노드와 7개의 연결선으로 된 사회네트워크라고 할 수 있다. 이것을 네트워크 1로 명명하자. 그림 1은 네트워크 1을 시각화한 그래프이다.

네트워크 1은 다음과 같이 5×5 지표행렬(indicator matrix)로 나타낼 수 있다.

$$
\mathbf{A} = \begin{pmatrix} 0 & 1 & 1 & 0 & 1 \\ 0 & 0 & 1 & 0 & 0 \\ 1 & 0 & 0 & 1 & 0 \\ 0 & 0 & 0 & 0 & 0 \\ 1 & 0 & 0 & 0 & 0 \end{pmatrix}, \tag{1}
$$

여기서 칸 (i, j)의 요소 a_{ij}는 노드 i에서 j로 가는 연결선이 있으면 1이고 그렇지 않으면 0이다. 이와 같은 행렬을 네트워크 이론에서 인접행렬(adjacency matrix)이

1 사회네트워크분석(SNA) 문헌에서 **노드**(node, 結節)는 꼭지점(vertex, 頂點), 행위자(actor), 구성원(member) 등으로, **연결선**(link, linkage)은 모서리(edge) 또는 이음(tie) 등으로 불린다.

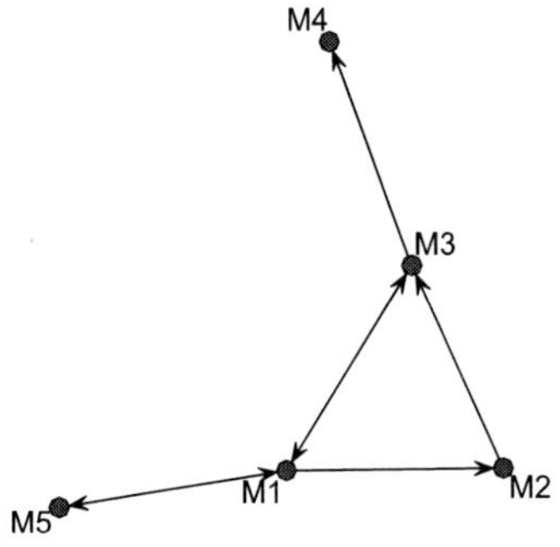

그림 1: 5명 구성원 팀의 네트워크 1

라고 한다. 즉, $a_{ij} = 1$이면 노드 i에서 j로 가는 길이 1의 경로(path)가 있음을 의미한다.

식 (1)의 인접행렬 $\mathbf{A}$를 제곱하면 길이가 2인 경로가 몇 개 있는가를 알 수 있다. 왜냐하면 $\mathbf{A}^2\,(=\mathbf{A}^{[2]})$의 (i,j)의 요소 $a_{ij}^{[2]}$가

$$a_{ij}^{[2]} = \sum_{k=1}^{5} a_{ik}\, a_{kj}$$

로 표현되기 때문이다. 이와 같은 식으로 $\mathbf{A}^m$의 (i,j) 요소는 노드 i에서 노드 j로 가는 길이 m의 경로 수를 나타낸다 $(m = 1, 2, 3, \cdots)$.

이 예에서 $\mathbf{A}^2, \mathbf{A}^3, \mathbf{A}^4$은 각각 다음과 같다.

$$\begin{pmatrix} 2 & 0 & 1 & 1 & 0 \\ 1 & 0 & 0 & 1 & 0 \\ 0 & 1 & 1 & 0 & 1 \\ 0 & 0 & 0 & 0 & 0 \\ 0 & 1 & 1 & 0 & 1 \end{pmatrix}, \quad \begin{pmatrix} 1 & 2 & 2 & 1 & 2 \\ 0 & 1 & 1 & 0 & 1 \\ 2 & 0 & 1 & 1 & 0 \\ 0 & 0 & 0 & 0 & 0 \\ 2 & 0 & 1 & 1 & 0 \end{pmatrix}, \quad \begin{pmatrix} 4 & 1 & 3 & 2 & 1 \\ 2 & 0 & 1 & 1 & 0 \\ 1 & 2 & 2 & 1 & 2 \\ 0 & 0 & 0 & 0 & 0 \\ 1 & 2 & 2 & 1 & 2 \end{pmatrix}.$$

$\mathbf{A}, \mathbf{A}^2, \mathbf{A}^3, \mathbf{A}^4$의 $(2,5)$ 요소를 살펴보면 $\mathbf{A}$와 $\mathbf{A}^2$에서는 0이고 $\mathbf{A}^3$에서 처음으로 1 이상의 값을 취하는 것을 볼 수 있다. 이것은 M2에서 M5로 가는 최단경로(最短經

路, shortest path, geodesic path)는 길이가 3임을 말한다.

이번에는 $\mathbf{A}, \mathbf{A}^2, \mathbf{A}^3, \mathbf{A}^4$의 $(4,1)$ 요소를 살펴보자. 모두 0인 것을 볼 수 있다. 이것은 M4에서 M1으로 가는 경로가 길이 1, 2, 3, 4인 것이 없음을 의미한다. 그림 1을 살펴보면 M4에서는 M1에 도달할 수 없음을 알 수 있다. 따라서 M4에서 M1으로 가는 최단경로의 길이는 ∞이다.

이런 식으로 노드 간 최단거리(shortest distance, geodesic distance), 즉 최단경로의 길이를 구해보면 다음과 같다.

$$\mathbf{D} = \begin{pmatrix} 0 & 1 & 1 & 2 & 1 \\ 2 & 0 & 1 & 2 & 3 \\ 1 & 2 & 0 & 1 & 2 \\ \infty & \infty & \infty & 0 & \infty \\ 1 & 2 & 2 & 3 & 0 \end{pmatrix}.$$

사회네트워크분석에서 최단거리 행렬 $\mathbf{D}$는 여러모로 쓸모가 있는데 한가지는 행 합(row sums)과 열 합(column sums)이다.

행렬 $\mathbf{D}$에서 행의 합은 다음과 같다:

$$5, 8, 6, \infty, 8.$$

행 1의 합, 즉 M1으로부터의 최단경로 길이 합이 가장 작은데 이는 M1에서 메시지가 발생하는 경우 가장 작은 길이의 경로로 모든 노드들에 전달됨을 뜻한다. 그런 의미에서 M1이 중심(central) 시발 노드이다.

한편, 행렬 $\mathbf{D}$에서 열의 합은 다음과 같다:

$$\infty, \infty, \infty, 8, \infty.$$

열 4의 합, 즉 M4로의 최단경로 길이 합이 가장 작은데 이는 각 노드에서 발생한 메시지가 가장 짧은 길이로 모이는 곳이 M4임을 말한다. 그런 의미에서 M4가 중심(central) 종착 노드이다.

사회네트워크분석에서 중심성(中心性, centrality)은 핵심 개념 중 하나이다. 이에 대하여는 2장에서 세부적인 설명을 할 것이다.

다음 절에서 기본 사회네트워크분석을 위한 `R` 스크립트를 소개하고, 3절에서는 사회네트워크분석의 기본 용어를 정의하면서 해당 `R` 함수를 병기할 것이다. 4절에서는 세상이 생각보다 좁더라는 *small world* 현상을 소개하고자 한다.

2. 사회네트워크분석을 위한 간단한 R 스크립트

사회네트워크분석을 위한 R 라이브러리에는 sna, network, ergm, igraph 등이 있지만 sna 라이브러리가 가장 기본적이다.

sna 라이브러리에서 사회네트워크를 지표행렬(indicator matrix)로 표현한다. 이에 따라 R에서 네트워크 1을 다음과 같이 행렬로 입력할 수 있다 (식 (1) 참조).

```
library(sna)
A <- matrix(c(0,1,1,0,1,
              0,0,1,0,0,
              1,0,0,1,0,
              0,0,0,0,0,
              1,0,0,0,0), byrow=T,nrow=5)
rownames(A) <- c("M1","M2","M3","M4","M5")
colnames(A) <- c("M1","M2","M3","M4","M5")
A
```

네트워크 1은 극히 단순한 네트워크이므로 위와 같이 행렬로 직접 입력하였지만, 웬만한 네트워크는 연결선 리스트(linkage list, edge list)를 전달받아 네트워크 행렬을 생성시키는 것이 훨씬 효율적인 방법이다 (인접행렬의 대다수 요소가 0이기 때문). 다음과 같이 ...

```
A.1 <- matrix(0,5,5)
edge.list <- matrix(
            c(1,2,
              1,3,
              1,5,
              2,3,
              3,1,
              3,4,
              5,1), byrow=T,nrow=7,ncol=2)
A.1[edge.list] <- 1
rownames(A.1) <- c("M1","M2","M3","M4","M5")
colnames(A.1) <- c("M1","M2","M3","M4","M5")
A.1
```

행렬 A는 다음과 같이 출력된다. 행렬 A.1도 마찬가지이다.

```
> A
   M1 M2 M3 M4 M5
M1  0  1  1  0  1
M2  0  0  1  0  0
M3  1  0  0  1  0
M4  0  0  0  0  0
M5  1  0  0  0  0
```

사회네트워크를 그래프화하는 sna 함수는 gplot이다. 다음과 같이 쓰면 그림 1이 도출된다.

```
gplot(A,displaylabels=T,boxed.labels=F,vertex.cex=2,arrowhead.cex=2)
```

여기서 displaylabels=T는 노드 레이블을 보일 것을, boxed.labels=F는 레이블을 상자에 넣을 필요가 없다는 것을, vertex.cex=2는 꼭지점 즉 노드를 2배 크기로 할 것을, arrowhead.cex=2는 화살 머리를 2배 크기로 할 것을 지시한다.

다음은 행렬 A의 제곱, 세 제곱, 네 제곱, 다섯 제곱을 계산하고 출력한다.

```
(A2 <- A %*%A)
(A3 <- A2%*%A)
(A4 <- A3%*%A)
(A5 <- A4%*%A)
```

다음은 네트워크 1에서 최단거리 행렬 D를 산출하고 행 합과 열 합을 구한다.

```
(D <- geodist(A)$gdist)
apply(D,1,sum)
apply(D,2,sum)
```

최단거리 함수 geodist의 출력은 다음과 같다.

```
> (D <- geodist(A)$gdist)
     [,1] [,2] [,3] [,4] [,5]
[1,]    0    1    1    2    1
[2,]    2    0    1    2    3
[3,]    1    2    0    1    2
[4,]  Inf  Inf  Inf    0  Inf
[5,]    1    2    2    3    0
```

```
> apply(D,1,sum)
[1]   5   8   6 Inf   8
> apply(D,2,sum)
[1] Inf Inf Inf   8 Inf
```

3. 사회네트워크분석의 기본용어와 R 함수

노드 i에서 j로 가는 연결선이 있는 경우 반드시 노드 j에서 i로 가는 연결선이 있는 네트워크를 무방향 네트워크(undirected network)라고 하고, 그렇지 않은 네트워크를 방향 네트워크(directed network)라고 한다. 무방향 네트워크이면 인접행렬이 대칭이 되고 역으로 인접행렬이 대칭이면 무방향 네트워크이다.

무방향 네트워크는 사회네트워크 구성원 간 연결이 '서로 아는 관계' 또는 '서로 거래하는 관계'와 같이 정의되는 경우에 생긴다. 식 (1)의 인접행렬 $\mathbf{A}\,(=(a_{ij}))$에 의한 네트워크는 방향 네트워크이다. 그러나

$$\mathbf{B}=(b_{ij}),\quad b_{ij}=\begin{cases}1, & \text{if } a_{ij}=1 \text{ or } a_{ji}=1\\ 0, & \text{otherwise}\end{cases}$$

에 의한 네트워크는 무방향 네트워크이다. 왜냐하면 이렇게 정의되는 행렬 $\mathbf{B}$는 대칭이기 때문이다. 식 (1)의 $\mathbf{A}$에 대하여

$$\mathbf{B}=\begin{pmatrix}0&1&1&0&1\\1&0&1&0&0\\1&1&0&1&0\\0&0&1&0&0\\1&0&0&0&0\end{pmatrix} \tag{2}$$

이다. 행렬 $\mathbf{B}$에 의한 네트워크를 앞으로 네트워크 2로 칭하기로 한다.

네트워크 내 개별 노드의 국소적(local) 특성을 나타내는 지표는 연결선 수(degree)이다. 연결선 수는 노드에 들어오는 연결선의 수인 입선 수(入線數, indegree)와 노드에서 나가는 연결선의 수인 출선 수(出線數, outdegree)로 나뉜다. 예컨대 네트워크 1 · 노드 M1의 indegree는 2, outdegree는 3 (따라서 degree는 5)이다.

R sna에서 연결선 수, 入線 수, 出線 수 계산은 다음과 같이 한다. 식 (1)의 네트워크 $\mathbf{A}$ (네트워크 1)에 대하여

```
> degree(A)
[1] 5 2 4 1 2
> degree(A,cmode="indegree")
[1] 2 1 2 1 1
> degree(A,cmode="outdegree")
[1] 3 1 2 0 1
```

네트워크의 전역적(global) 특성을 나타내는 지표인 네트워크 밀도(density)는 '가능한 총 연결선의 수' 대비 '총 연결선의 수'로 정의된다. 네트워크 내 노드 수를 n이라고 할 때 '가능한 총 연결선의 수'는 $n*(n-1)$이다. 그리고 총 연결선의 수는 入線 수 indegree (또는 出線 수 outdegree)의 합과 같다. 따라서

$$density = \frac{\sum_{i=1}^{n} g_i^{[1]}}{n\,(n-1)} = \frac{\sum_{i=1}^{n} g_i^{[2]}}{n\,(n-1)},$$

여기서 $g_i^{[1]}$는 노드 i의 入線 수이고 $g_i^{[2]}$는 노드 i의 出線 수이다 $(i = 1, \cdots, n)$.

네트워크 1과 네트워크 2의 밀도 계산은 다음과 같이 한다.

```
> gden(A)
[1] 0.35
> gden(B)
[1] 0.5
```

도달가능도(reachability)는 노드 쌍에 대하여 앞 노드에서 뒤 노드로 도달가능한지, 그렇지 않은지를 구분한다. 네트워크 1의 경우 노드 M1에서 출발하면 시간이 걸리더라도 다른 모든 노드들에 도달할 수 있다. 그러나 노드 M4에서 출발하는 경우 다른 어느 노드에도 도달할 수 없다. 도달가능도 계산은 다음과 같이 한다.

```
> reachability(A)
     [,1] [,2] [,3] [,4] [,5]
[1,]    1    1    1    1    1
[2,]    1    1    1    1    1
[3,]    1    1    1    1    1
[4,]    0    0    0    1    0
[5,]    1    1    1    1    1
```

컴포넌트(component)는 내부적으로 상호 도달가능한 노드들의 그룹을 말한다. 네트워크 1의 컴포넌트는 2개이다 (컴포넌트 1 {M1, M2, M3, M5}; 컴포넌트 2 {M4}). 네트워크 1과 네트워크 2의 컴포넌트 수 계산은 다음과 같이 한다.

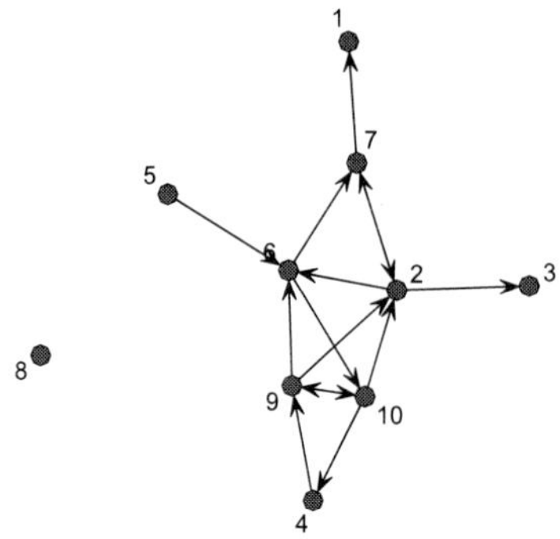

그림 2: 10명 구성원 팀의 네트워크 3

```
> components(A)
[1] 2
> components(B)
[1] 1
```

sna 라이브러리의 rgraph 함수는 임의 네트워크를 생성시킨다. 이때 노드 간 연결 여부는 동일한 베르누이 분포를 독립적으로 따른다. 이때 목표 확률은 tprob 파라미터로 지정된다. 예를 들어 다음 R 스크립트를 실행해보자 (임의 수 생성 알고리즘을 분석자 제어 하에 두기 위해 set.seed 함수를 사용하였다).

```
set.seed(123)
network.3 <- rgraph(10,tprob=0.2)
```

그림 2는 10개 노드를 가진 임의생성 네트워크 3의 그래프이다. 그래프를 관찰해보면, 구성원 2, 4, 6, 7, 9, 10이 상호소통하는 최대 컴포넌트를 이루고 구성원 1, 3, 5, 8이 최대 컴포넌트의 곁에 붙은 각각 크기 1의 컴포넌트라는 것을 알 수 있다. 따라서 컴포넌트 수는 5개이다. 다음은 이에 관한 R 스크립트이다.

```
gplot(network.3, displaylabels=T,boxed.labels=F,vertex.cex=2,...)
components(network.3)
```

R의 sna 라이브러리에서 components 대신 component.dist를 사용하면 세부적인 정보를 얻을 수 있다:

```
> component.dist(network.3)
$membership
 [1] 1 2 3 2 4 2 2 5 2 2
$csize
[1] 1 6 1 1 1
$cdist
[1] 4 0 0 0 0 1 0 0 0 0
```

4. 작은 세상(small world)

처음 만난 사람인데 알고보니 친구의 친구(의 친구)인 경우, "세상이 참 좁다"는 말을 한다. 이를 실증하고자 했던 사회심리학자 Stanley Milgram의 "six degrees of separation"은 여섯 단계만 거치면 미국인 두 사람이 접촉될 수 있다는 주장이다. 그의 실험과 관련 비판에 대하여는 Wikipedia의 *small world*를 참고하라. 아무튼, 한 사회에서 임의의 두 사람 간 거리는 생각보다 크지 않다는 사실이 이제는 널리 알려졌다.

이 절에서 간단한 몬테칼로 실험으로 *small world* 현상을 확인하고자 한다.

구성원 수가 $n+1$ 명인 사회에서 각 구성원이 자신 외에 평균 5명을 안다고 하자. 이를 위하여 R sna 패키지의 rgraph()에서 tprob를 $\frac{5}{n}$으로 놓을 것이다. 이렇게 생성된 임의 네트워크에서 두 명 사이 거리 D의 확률 분포를 살펴보게 될 것이다.

다음 R 스크립트는 $n = 10$인 경우이다. 두 명 간 거리가 무한대(∞)일 수 있으므로 D의 평균은 의미가 없다. 따라서 D에 대하여는 중간값(median)과 상대빈도표(percent table)를 구하기로 한다.

```
# small world simulation
library(sna)
n <- 10
N <- n*(n+1)
mu <- 5
world.n <- rgraph(n+1,tprob=mu/n)
D.n <- geodist(world.n)$gdist
diag(D.n) <- NA
median(D.n,na.rm=T)
addmargins(round(table(D.n)/N*100,1))
```

그 결과, D의 중간값은 2로 나왔고 상대빈도는 $D = 1, 2, 3$인 경우가 각각 44.5%, 47.3%, 8.2% (합계 100.0%)로 나타났다.

$n = 100$이면 어떻게 될까? 앞의 모의시행 프로그램에서 `n`의 값을 10 대신 100으로 바꿔 실행시키면 될 것이다. 그 결과, D의 중간값은 3으로 나왔고 상대빈도는 $D = 1, 2, 3, 4, 5, 6$인 경우가 각각 5.1%, 21.6%, 46.8%, 24.0%, 2.4%, 0.1% (합계 100.0%)로 나타났다.

그러면 $n = 1,000$이면 어떻게 될까? `n`의 값을 1,000으로 바꿔 실행시킨 결과, D의 중간값은 4로 나왔고 상대빈도는 $D = 1, 2, 3, 4, 5, 6, 7, 8, 9, \infty$인 경우가 각각 0.5%, 2.5%, 11.6%, 35.7%, 38.2%, 9.1%, 0.7%, 0.0%, 0.0%, 1.7% (합계 100.0%)로 나타났다.

종합해보면 구성체의 크기가 기하급수적으로 급히 증가하더라도 두 사람 간 거리는 아주 천천히 증가한다는 점이다. 세상이 생각보다 좁더라는 *small world*를 실감할 수 있다.

연습문제

1. 식 (2)의 행렬 $\mathbf{B}$에 의한 네트워크 2를 `R`에 입력하여 그래프를 만들고 `degree`, `density`, `components` 등을 산출하라.

2. 다음 `R` 스크립트로 생성되는 임의의 네트워크에서 컴포넌트는 몇 개인가? 컴포넌트 별 구성원 리스트를 만들라.

```
library(sna)
set.seed(1234)
rgraph(10,tprob=0.2)
```

3. 4절의 *small world* 모의실험에서 각 구성원이 자신 외에 평균 10명을 알고 있다면 결과는 어떻게 달라지는가?

* 추천도서

A.L. Barabasi (2002)의 *Linked: The New Science of Networks*는, New York Times 서평에 의하면, “네트워크에 대한 우리의 사고방식을 바꾸기에 충분하다. 그의 책은 물리학자나 수학자에게만 관련이 있는 것이 아니라 기업의 임원, 컴퓨터 과학자, 사회학자, 생물학자에게도 의미심장하다”. 마크 그라노베터 교수(스탠포드 대학 사회학과)에 의하면 “바라바시는 광범위한 지적 영역을 우아하게 넘나들면서 이제 막 폭발하고 있는 네트워크 연구를 통해 에이즈, 휴먼 게놈, 암, 인터넷, 대기업 합병, 국제 금융위기 등과 같은 다양한 주제들에 대한 심오한 통찰을 대중적 언어로 제시해준다”.

이 책은 강병남 · 김기훈에 의하여 번역되어 <링크: 21세기를 지배하는 네트워크 과학>으로 출판된 바 있다 (동아시아, 2002). 사회네트워크분석 학습자들에게 배경서적으로 일독을 권한다.

2장. 중심성 Centrality

사회네트워크(social network)에서 중심(中心, center) 개념은 통계자료에서의 그것과 유사하다. 중심 노드는 네트워크에서 핵심적 위치에 있으므로 특별한 중요성을 지닌다. 다만 분석대상이 네트워크이므로 그 특성이 반영되어야 한다. 이 장에서는 중심성을 근접 중심성(closeness centrality), 중개 중심성(betweenness centrality), 그밖의 중심성 등으로 나누어 다룰 것이다.

1. 근접 중심성

9개의 노드를 가진 다음 행렬 **L**에 의한 (무방향) 네트워크를 생각해보자 (Suzuki, 2009, p.44). 그림 1이 네트워크 **L**의 그래프이다.

$$\mathbf{L} = \begin{pmatrix} 0 & 0 & 0 & 1 & 0 & 0 & 0 & 0 & 0 \\ 0 & 0 & 0 & 1 & 0 & 0 & 0 & 0 & 0 \\ 0 & 0 & 0 & 1 & 0 & 0 & 0 & 0 & 0 \\ 1 & 1 & 1 & 0 & 1 & 0 & 0 & 0 & 0 \\ 0 & 0 & 0 & 1 & 0 & 1 & 0 & 0 & 0 \\ 0 & 0 & 0 & 0 & 1 & 0 & 1 & 0 & 0 \\ 0 & 0 & 0 & 0 & 0 & 1 & 0 & 1 & 0 \\ 0 & 0 & 0 & 0 & 0 & 0 & 1 & 0 & 1 \\ 0 & 0 & 0 & 0 & 0 & 0 & 0 & 1 & 0 \end{pmatrix}. \tag{1}$$

거의 선형의 모습인 이 네트워크에서 중심이 어디인가? 한 가지 정의는 각 노드의 중심성을 해당 노드와 다른 모든 노드 간 평균 최단거리의 역수로 하는 것이다. 네트워크 **L**의 경우, 예컨대 노드 1에서 노드 2, 3, 4, 5, 6, 7, 8, 9 사이 평균 최단거리는

$$(2+2+1+2+3+4+5+6)/8 = \frac{25}{8}$$

이다. 따라서 노드 1의 중심성은 그 역수인 $\frac{8}{25}$이다. 한편, 노드 4와 노드 1, 2, 3, 5, 6, 7, 8, 9 사이 평균 최단거리는

$$(1+1+1+1+2+3+4+5)/8 = \frac{18}{8}$$

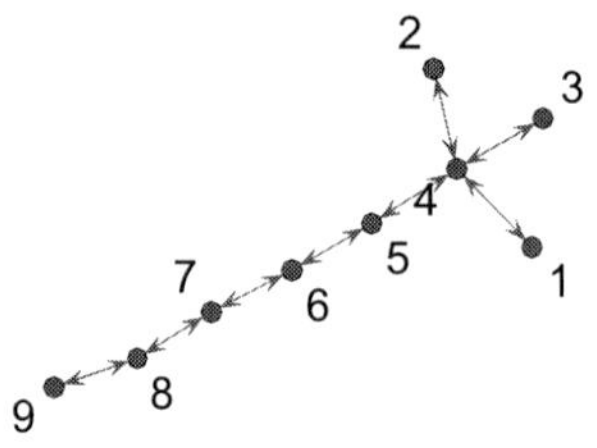

그림 1: 거의 선형인 네트워크 **L**

이므로 노드 4의 중심성은 $\frac{8}{18}$이다. 따라서 노드 4가 노드 1에 비해 중심에 더 가깝다고 보는 것이다. 이 점은 그림 1에서 확연하다.

일반화하여, n개의 노드로 구성된 네트워크에서 노드 i의 중심성을 다음과 같이 정의한다 (근접 중심성 1).

$$C_{[1]}(i) = \frac{n-1}{\sum_{j \neq i} d\,(i,j)}, \quad i = 1, \cdots, n.$$

여기서 $d\,(i,j)$는 노드 i에서 j에 이르는 최단경로의 길이이다.

이 정의에 따라 네트워크 **L**의 노드 1부터 9까지의 근접 중심성(정의 1)을 구해보면

$$0.32, 0.32, 0.32, 0.44, 0.47, 0.44, 0.38, 0.31, 0.24$$

이다. 노드 5의 중심성이 가장 크므로 네트워크의 중심을 노드 5로 본다.

근접 중심성 1의 변형으로서, 최단거리 $d\,(i,j), j = 1, \cdots, n$의 평균을 내는 대신 그것의 역수인 $1/d\,(i,j), j = 1, \cdots, n$의 평균으로 노드 i의 중심성을 정의하기도 한다 (근접 중심성 2).

$$C_{[2]}(i) = \frac{\sum_{j \neq i} 1/d\,(i,j)}{n-1}, \quad i = 1, \cdots, n.$$

여기서 $d\,(i,j)$는 노드 i에서 j에 이르는 '거리', 즉 비(非)근접도이므로 $1/d\,(i,j)$는 노드 i에서 j에 이르는 근접도의 개념이 된다.

이 정의에 따라 네트워크 **L**의 노드 1부터 9까지의 근접 중심성(정의 2)을 구해보면

$$0.43, 0.43, 0.43, 0.66, 0.57, 0.54, 0.51, 0.46, 0.35$$

이다. 노드 4의 중심성이 가장 크므로 네트워크의 중심을 노드 4로 본다. 이렇듯 중심 노드는 '중심성'의 정의에 따라 다를 수 있다.

어느 1개의 노드 j가 노드 i로부터 도달되지 않는 경우 근접 중심성 1인 $C_{[1]}(i)$는 0이 되지만 근접 중심성 2인 $C_{[2]}(i)$는 양의 유한 값을 갖는다. 이 점이 근접 중심성 2의 장점이다. 예를 들어 보자.

식 (1)의 행렬 $\mathbf{L}$에 의한 네트워크에 기존 9개 노드와는 전혀 연결되지 않는 1개 노드를 추가한 네트워크 $\mathbf{L}.10$을 생각하기로 하자. 그런 경우 $d(i,10) = \infty$ ($i = 1,\cdots,9$)이고 $d(10,j) = \infty$ ($j = 1,\cdots,9$)이므로 정의 1에 의한 근접 중심성을 구해보면 모두 0이다. 그러므로 중심 노드를 정할 수 없다. 그러나 $1/d(i,10) = 0$ ($i = 1,\cdots,9$)이고 $1/d(10,j) = 0$ ($j = 1,\cdots,9$)이므로 정의 2에 의한 근접 중심성은 모두 잘 나온다. 즉, $C_{[2]}(i)$, $i = 1,\cdots,9,10$은

$$0.38, 0.38, 0.38, 0.59, 0.51, 0.48, 0.45, 0.41, 0.31, 0.00$$

이다. 따라서 노드 4가 네트워크의 중심이다. 이렇듯 로버스트性(robustness)의 관점에서 정의 2에 의한 근접 중심성이 훨씬 낫다.

네트워크 $\mathbf{L}$이 무방향이기 때문에 방향과는 무관하지만, 수식으로는 각 노드의 중심성이 나가는 방향(出向, outward direction)에서 정의되어 있다. 방향 네트워크(directed network)에 대하여 나가는 방향이 아니라 들어오는 방향(入向, inward direction)에서 중심성을 보려 한다면 정의가 달라져야 한다.

들어오는 방향에서의 근접 중심성 1:

$$C_{[1]}(j) = \frac{n-1}{\sum_{i \neq j} d\,(i,j)}, \quad j = 1,\cdots,n.$$

들어오는 방향에서의 근접 중심성 2:

$$C_{[2]}(j) = \frac{\sum_{i \neq j} 1/d\,(i,j)}{n-1}, \quad j = 1,\cdots,n.$$

한 예를 보자 (Hanneman and Riddle, 2005, Chapter 4). 표 1의 네트워크는 Knoke의 정보(information) 네트워크로서 미국 한 중서부 도시의 사회복지 관련 기관 간 정보의 흐름을 보여준다. 이 구성체의 10개 기관 리스트는 다음과 같다.

[1] COUNty government, [2] chamber of COMMerce, [3] board of EDUCcation, [4] INDUtry development agency, [5] MAYoR, [6] WRO group, [7] NEWSpaper, [8] United WAY (private organization), [9] WELFare, [10] WEST group.

표 1: Knoke의 정보 네트워크

	[1]	[2]	[3]	[4]	[5]	[6]	[7]	[8]	[9]	[10]
COUN	0	1	0	0	1	0	1	0	1	0
COMM	1	0	1	1	1	0	1	1	1	0
EDUC	0	1	0	1	1	1	1	0	0	1
INDU	1	1	0	0	1	0	1	0	0	0
MAYR	1	1	1	1	0	0	1	1	1	1
WRO	0	0	1	0	0	0	1	0	1	0
NEWS	0	1	0	1	1	0	0	0	0	0
UWAY	1	1	0	1	1	0	1	0	1	0
WELF	0	1	0	0	1	0	1	0	0	0
WEST	1	1	1	0	1	0	1	0	0	0

그림 2는 표 1의 네트워크에 대한 그래프이다. Knoke의 정보 네트워크에서 정의 2에 의한 근접 중심성은 노드별로 다음과 같다.

나가는 방향: $0.70, 0.89, 0.83, 0.70, 0.94, 0.63, 0.65, 0.81, 0.65, 0.78.$
들어오는 방향: $0.76, 0.94, 0.72, 0.78, 0.94, 0.46, 1.00, 0.59, 0.78, 0.61.$

결론: 정보 발신(나가는 방향)에서 중심 노드는 [5]의 MAYR(市長)이고 정보 수신(들어오는 방향)에서 중심 노드는 [7]의 NEWS(신문)이다.

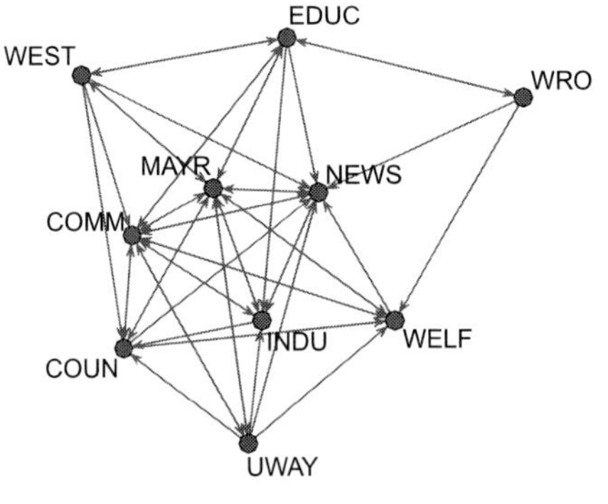

그림 2: Knoke의 정보 네트워크

R sna에서의 근접 중심성.

R의 sna 라이브러리에서 근접 중심성을 산출하는 함수는 closeness이다.

closeness(*network*)는 *network*의 근접 중심성을 정의 1에 따라 산출한다. closeness(*network*, cmode="suminvdir")을 쓰면 *network*의 근접 중심성을 정의 2에 따라 산출한다.

다음은 이 절에 사용된 R 스크립트이다.

```
# Social Network Analysis: Closeness Centrality
library(sna)
# The nearly linear network
L <- matrix(c(0,0,0,1,0,0,0,0,0,
              0,0,0,1,0,0,0,0,0,
              0,0,0,1,0,0,0,0,0,
              1,1,1,0,1,0,0,0,0,
              0,0,0,1,0,1,0,0,0,
              0,0,0,0,1,0,1,0,0,
              0,0,0,0,0,1,0,1,0,
              0,0,0,0,0,0,1,0,1,
              0,0,0,0,0,0,0,1,0),byrow=T,nrow=9)
gplot(L, displaylabels=T, vertex.cex=2, label.cex = 2, edge.col="red",
      boxed.labels=F, arrowhead.cex=2, mode="kamadakawai")
round(closeness(L),2) # Type 1 closeness
round(closeness(L,cmode="suminvundir"),2) # Type 2 closeness
# The nearly linear network with one isolate node
L.10 <- add.isolates(L,1)
round(closeness(L.10),2) # Type 1 closeness
round(closeness(L.10,cmode="suminvundir"),2) # Type 2 closeness
# Knoke's information network (Hanneman and Riddle, 2005)
knoke.infor <- as.matrix(read.table("knoke-infor.txt",header=T))
rownames(knoke.infor) <- colnames(knoke.infor)
gplot(knoke.infor, displaylabels=T, vertex.cex=2, edge.col="blue",
      boxed.labels=F, arrowhead.cex=1.25)
round(closeness(knoke.infor,cmode="suminvdir"),2)
round(closeness(t(knoke.infor),cmode="suminvdir"),2)
# end
```

2. 중개 중심성

사회네트워크에서 노드 사이(between)에 위치한 노드는 중요하다. 2개 노드를 연결하는 커뮤니케이터의 역할을 한다. 더 나아가 부(副, sub)네트워크를 연결하는 노드는 허브(hub)의 역할을 한다.

예로서 1절의 거의 선형인 네트워크 $\mathbf{L}$에서 노드 4의 역할을 생각해보자. 노드 1에서 2로 가려면 반드시 노드 4를 거쳐야 한다. 노드 1에서 5로 가려고 해도 노드 4를 거쳐야 한다. 이렇듯 노드 4는 여러 경우에서 두 노드 사이에 위치해 있다. 이제 몇 가지 경우에 그런가를 세어보자.

노드 4가 2개 노드 간 최단경로에 끼이게 되는 경우는 다음과 같다. 무방향 네트워크이므로 노드 i와 $j\,(>i)$의 쌍을 우선 고려하기로 한다. 노드 1과 2, 노드 1과 3, 노드 2와 3 등 3개 경우, 1과 $j\,(\geq 5)$ 꼴의 5개 경우, 2와 $j\,(\geq 5)$ 꼴의 5개 경우, 3과 $j\,(\geq 5)$ 꼴의 5개 경우 등 18개 경우가 있다. 그런데 노드 i와 노드 $j\,(<i)$의 쌍에도 그만큼 있으므로 노드 4가 사이에 끼이게 되는 경우는 총 36개 경우이다.

노드 1부터 9까지 2개 노드 간 최단경로에 끼이게 되는 경우의 수를 헤아려 보면

$$0, 0, 0, 36, 32, 30, 24, 14, 0$$

이다. 따라서 노드 4가 중개성의 관점에서 가장 중심에 있다고 볼 수 있다.

노드 v의 중개 중심성(betweenness centrality) $C_B(v)$의 정의는 다음과 같다.

$$C_B(v) = \sum_{i \neq v} \sum_{j \neq v, \neq i} \frac{g_{ivj}}{g_{ij}}, \quad v = 1, \cdots, n.$$

여기서 g_{ij}는 노드 i에서 $j\,(\neq i)$로 가는 최단경로의 수이고 g_{ivj}는 노드 i에서 $j\,(\neq i, \neq v)$로 가는 최단경로 가운데 노드 $v\,(\neq i)$를 거치는 경로의 수이다.

다음 행렬 $\mathbf{S}$에 의한 9개의 노드를 가진 (무방향) 네트워크를 생각해보자.

$$\mathbf{S} = \begin{pmatrix} 0 & 1 & 1 & 1 & 1 & 1 & 1 & 1 & 1 \\ 1 & 0 & 0 & 0 & 0 & 0 & 0 & 0 & 0 \\ 1 & 0 & 0 & 0 & 0 & 0 & 0 & 0 & 0 \\ 1 & 0 & 0 & 0 & 0 & 0 & 0 & 0 & 0 \\ 1 & 0 & 0 & 0 & 0 & 0 & 0 & 0 & 0 \\ 1 & 0 & 0 & 0 & 0 & 0 & 0 & 0 & 0 \\ 1 & 0 & 0 & 0 & 0 & 0 & 0 & 0 & 0 \\ 1 & 0 & 0 & 0 & 0 & 0 & 0 & 0 & 0 \\ 1 & 0 & 0 & 0 & 0 & 0 & 0 & 0 & 0 \end{pmatrix}. \tag{2}$$

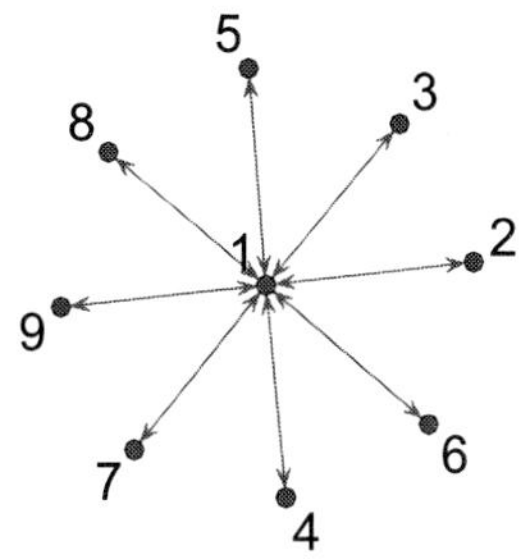

그림 3: 별(star) 네트워크 **S**

그림 3은 행렬 **S**에 의한 네트워크의 그래프인데 별 모양이다. 그런 이유로 이런 네트워크를 별 네트워크(star network)라고 한다. 별 네트워크에서 주변 점에서 주변 점으로 가기 위해서는 반드시 중앙 점인 노드 1을 거쳐야 한다. 그러나 어떤 노드 쌍의 연결에서도 주변 점 2, 3, 4, 5, 6, 7, 8, 9가 사이에 끼이게 되는 경우는 없다. 따라서 노드 1의 중개 중심성은 56(=8*7)이고 주변 점들의 중개 중심성은 0이다.

1절에서 소개한 Knoke의 정보 네트워크에서 각 노드의 중개 중심성은 수작업으로 계산하기엔 너무 복잡하다. `R sna`에서 `betweenness` 함수를 써서 계산한 결과는 다음과 같다.

$$0.7, 12.3, 11.7, 0.8, 17.8, 0.3, 2.8, 0.0, 1.2, 0.4.$$

따라서 중개성의 관점에서 중심 노드는 [5]의 MAYR(市長)이다.

이 절을 마치기 전에 2개의 별을 연결한 특수한 네트워크를 고려하도록 하겠다. 그림 4를 보라. 노드 7이 각각 6개의 노드로 구성된 별 2개를 연결하는 모습이다.

이 네트워크에서 13개 노드의 중개 중심성은 다음과 같다.

$$76, 0, 0, 0, 0, 70, 72, 70, 0, 0, 0, 0, 76.$$

노드 7의 중개성이 72인 이유는 별 1의 6개 노드(1, 2, 3, 4, 5, 6)와 별 2의 6개 노드(8, 9, 10, 11, 12, 13)로 순서 쌍을 만드는 경우의 수(=6*6*2)이기 때문이다.

노드 1과 13의 경우 각 별의 중심이므로 높은 평가를 받은 것이 당연하다. 그러나 노드 6, 7, 8은 2개 별을 연결하는 고리 역할로 평가받은 것이다. 근접 중심성의 관점에서는 노드 7의 중심성이 가장 크다.

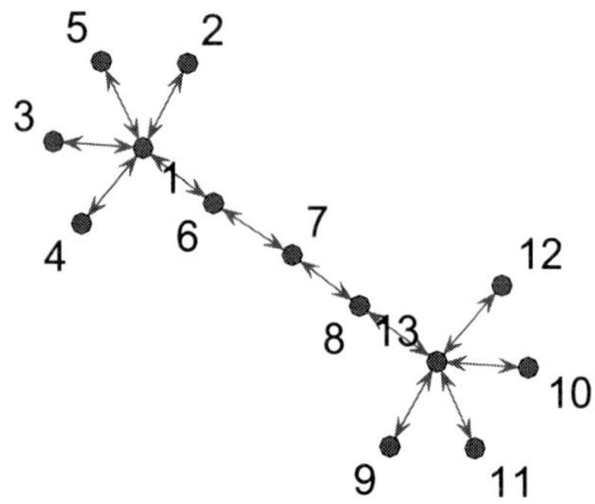

그림 4: 2개 별(two stars) 네트워크

다음은 이 절에 사용된 R 스크립트이다.

```
# Social Network Analysis: Betweenness Centrality
library(sna)
# The nearly linear network L is given Section 1
betweenness(L)
# The star network
S <- matrix(c(0,1,1,1,1,1,1,1,1,
              1,0,0,0,0,0,0,0,0,
              1,0,0,0,0,0,0,0,0,
              1,0,0,0,0,0,0,0,0,
              1,0,0,0,0,0,0,0,0,
              1,0,0,0,0,0,0,0,0,
              1,0,0,0,0,0,0,0,0,
              1,0,0,0,0,0,0,0,0,
              1,0,0,0,0,0,0,0,0),byrow=T,nrow=9)
gplot(S, displaylabels=T, vertex.cex=2, label.cex = 2, edge.col="red",
      boxed.labels=F, arrowhead.cex=2, mode="kamadakawai")
betweenness(S)
# Knoke's information network is given Section 1
round(betweenness(knoke.infor),1)
```

```
# Two stars network
twostars <- matrix(0,13,13)
edges <- matrix(c(1,2,1,3,1,4,1,5,1,6,
                  6,7,7,8,8,13,9,13,10,13,11,13,12,13),
                  byrow=T,ncol=2)
twostars[edges] <- 1
twostars <- twostars + t(twostars) - twostars * t(twostars)
gplot(twostars,displaylabels=T,vertex.cex=2,label.cex = 2,edge.col="red",
      boxed.labels=F,arrowhead.cex=2,mode="kamadakawai")
betweenness(twostars)
closeness(twostars)
# end
```

3. 고유벡터 중심성

고유벡터 중심성(eigenvector centrality)은 중요한 노드에 연결된 노드가 중요하다는 관점에서 창안되었다. 인접행렬 $\mathbf{A}\,(=(a_{ij}))$의 n개 노드에 대하여 각각 $c_1, \cdots, c_n$의 중요도가 부여되었다면 배출(exporting, 발신) 방향에서

$$c_i \propto \sum_{j=1}^{n} a_{ij} c_j, \quad i = 1, \cdots, n$$

의 관계가 기대된다. $\mathbf{c} = (c_1, \cdots, c_n)^t$로 표기하면

$$\lambda\, \mathbf{c} = \mathbf{A}\mathbf{c}$$

이다. 즉 네트워크 행렬 $\mathbf{A}$에 대한 고유값 분해(eigenvalue decomposition)가 필요하다. 그런데 Perron-Frobenius 정리에 의해 인접행렬에 대한 제1 고유값은 비음(nonnegative)의 실수이고 제1 고유벡터의 모든 요소가 비음이므로 가장 큰 고유값에 해당하는 고유벡터로부터 중심성이 도출된다. 진입(importing, 수신)의 방향에서는 네트워크 행렬 $\mathbf{A}^t$에 대한 제1 고유벡터로부터 중심성이 도출된다.

다음은 Knoke의 정보 네트워크 `knoke.infor`의 10개 노드에 대한 배출 고유벡터 중심성과 진입 고유벡터 중심성이다. `sna` 라이브러리의 `evcent` 함수를 썼다.

```
> rownames(knoke.infor)
 [1] "COUN" "COMM" "EDUC" "INDU" "MAYR" "WRO" "NEWS" ...
```

```
> round(evcent(knoke.infor),2)
 [1] 0.25 0.41 0.36 0.26 0.47 0.15 0.22 0.35 0.21 0.33
> round(evcent(t(knoke.infor)),2)
 [1] 0.30 0.45 0.21 0.34 0.45 0.04 0.46 0.18 0.28 0.13
```

배출(발신) 방향에서는 COMM과 MAYR이 높은 평가를 받았고 진입(수신) 방향에서는 COMM, MAYR, NEWS가 높게 평가 되었다.

주의: `sna` 패키지의 고유벡터 중심성 함수인 `evcent`은 불안정한 해를 내는 경우가 종종 있다. 예컨대 1절의 네트워크 **L**에 `evcent`를 적용해보면 다음과 같은 경고 메시지가 뜬다.

```
Maximum iterations exceeded in evcent_R without convergence.
```

이런 경우에는 `sna` 패키지에 의존하지 말고 `R base` 함수인 `eigen`으로 다음과 같이 행렬의 제1 고유벡터를 직접 구하는 편이 낫다. 단, 고유벡터 요소들의 부호가 모두 음으로 나타나는 경우에는 부호를 모두 양으로 바꿀 필요가 있다.

```
> round(eigen(L)$vectors[,1],2)
[1] -0.30 -0.30 -0.30 -0.63 -0.44 -0.30 -0.20 -0.12 -0.06
```

4. 그밖의 중심성

이제까지 근접성의 관점과 중개성의 관점에서 중심성을 고려하였다. 이 절에서는 더 직관적인 2개의 중심성 개념을 소개하기로 한다.

하나는 연결선 수(degree)이다. 노드가 중앙에 있을수록 많은 수의 연결선을 가질 것이다. 그러나 예외는 있다. 앞 절의 2개 별 네트워크가 반례(反例)이다. 그 예에서 노드 7의 경우 연결선 수는 4이므로 노드 1과 13의 연결선 수 10에 비하면 반도 되지 않는다. 그러나 노드 7은 매우 중요한 노드이다.

또 하나는 그래프 중심성(graph centrality)이다. 노드 i의 그래프 중심성 $C_G(i)$의 정의는 다음과 같다.

$$C_G(i) = \frac{1}{\max_{j \neq i} d_{ij}}, \quad i = 1, \cdots, n.$$

여기서 d_{ij}는 노드 i에서 $j\,(\neq i)$로 가는 최단경로의 길이이다. 만약 노드 i에서 도달가능하지 않은 노드가 있는 경우에는 $C_G(i)$는 0의 값을 취한다. 그러므로 그래프 중심성은 로버스트하지 않다.

한 예로서 1절의 거의 선형인 **L** 네트워크에 대한 그래프 중심성을 구해보면 다음과 같다.

$$0.17, 0.17, 0.17, 0.20, 0.25, 0.33, 0.25, 0.20, 0.17.$$

노드 6의 중심성이 가장 큰 것을 볼 수 있다. 그러나 **L** 네트워크에 1개의 고립 노드를 추가하여 생긴 L.10 네트워크에 대한 그래프의 중심성은 모든 노드에서 0이다.

`R sna`에서 연결선 수를 산출하는 함수는 `degree`이고 그래프 중심성을 산출하는 함수는 `graphcent`이다. 예컨대 네트워크 **L**에 대한 연결선 수는 `degree(L)`로써, 그래프 중심성은 `graphcent(L)`로써 구해진다.

참고문헌

- Hanneman, R.A., and Riddle, M. (2005). *Introduction to Social Network Methods.* Available at `http://www.faculty.ucr.edu/~hanneman/nettext/`.

- Suzuki, T. (2009). *Network Analysis* (Learning Data Science by R, Series Number 8). Kyorisu Publishing Company, Tokyo. Chapter 4. [Written in Japanese]

연습문제

1. 다음 표는 Knoke의 자금(money) 네트워크로서, 미국 중서부의 한 도시 사회복지 기관 간 자금의 흐름을 보여준다 (Hanneman and Riddle, 2005, Chapter 4). 네트워크 그래프를 만들고 각종 중심성 지표를 산출하여 네트워크를 분석하라 [데이터 셋트 `knoke-money.txt`].

	[1]	[2]	[3]	[4]	[5]	[6]	[7]	[8]	[9]	[10]
COUN	0	0	1	0	1	0	0	1	1	1
COMM	0	0	1	0	0	0	0	0	0	0
EDUC	0	0	0	0	0	0	0	1	0	0
INDU	0	1	1	0	0	0	1	1	1	0
MAYR	0	1	1	0	0	0	0	1	1	0
WRO	0	0	0	0	0	0	0	0	0	0
NEWS	0	1	0	0	0	0	0	1	0	0
UWAY	0	0	0	0	0	0	0	0	1	1
WELF	0	0	1	0	0	0	0	1	0	0
WEST	0	0	0	0	0	0	0	0	0	0

3장. 네트워크의 특성과 부그룹

CHARACTERISTICS AND SUBGROUPS OF NETWORKS

사회네트워크(social network)의 특성으로서 추이성(推移性, transitivity)과 상호성(相互性, reciprocity)을 소개하고 네트워크 내 존재하는 컴포넌트와 동아리(clique), 군집(cluster, 집락) 등 부그룹(subgroup)을 찾아내는 방법을 설명할 것이다.

1. 네트워크의 특성

네트워크의 전역적 특성으로서 밀도(密度, density)를 볼 필요가 있다. 네트워크의 밀도는 1장에 소개된 바 있다.

한 예로서 R의 `ergm` 라이브러리가 제공하는 `faux.magnolia.high` 자료를 보기로 하자 (이하 `fmh` 네트워크로 약칭). 그림 1을 보라. `fmh` 네트워크는 미국 남부 소재 한 고등학교 학생 1,461명($=n$) 간 친구 관계(friendship)이며 총 974개 선으로 연결되어 있다. 여기서 친구 관계는 상호적으로 정의되었으므로 총 연결선 수는 1,948개(=974*2)로 볼 수 있다. 이에 따라 밀도는

$$density(\texttt{fmh}) = \frac{1,948}{n\,(n-1)} = 0.00091,$$

즉, 0.09%로 계산된다 (R `sna: gden(fmh)`). 학교 크기가 큰 탓인지 재학생들이 서로 알고 지내는 상대적 빈도는 매우 낮게 나타났다.

네트워크의 국소적 특성으로서 추이성(推移性, transitivity)을 소개하기로 한다. 추이적 관계는 다음과 같이 정의된다. a $\neq$ c에 대하여

$$\text{if a} \rightarrow \text{b and if b} \rightarrow \text{c, then a} \rightarrow \text{c.}$$

네트워크 $\mathbf{A}$의 추이성 *transitivity*는 관계의 추이성이 성립하는 상대적 빈도로 정의된다. 수식으로는

$$transitivity(\mathbf{A}) = \frac{\text{sum}\,(\mathbf{A}^2 \circ \mathbf{A})}{\text{sum}\,(\mathbf{A}^2 - \text{diag}(\mathbf{A}^2))}$$

로 표현된다.

* 2개의 $m \times n$ 행렬 $\mathbf{A} = (a_{ij})$와 $\mathbf{B} = (b_{ij})$의 하다마드 곱(Hadamard product) $\mathbf{A} \circ \mathbf{B}\,(= \mathbf{C})$는 $\mathbf{C} = (\,a_{ij}\,b_{ij})$로 정의된다.

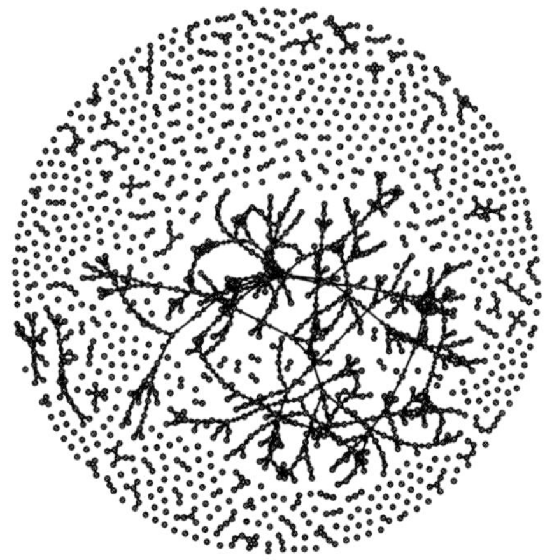

그림 1: faux.magnolia.high(fmh) 네트워크

fmh 네트워크에서 서로 다른 노드 a, b, c로 "a → b & b → c"를 만족하는 경우는 모두 3,642 건이 발견된다. 그 중에서 "a → c"를 만족하는 경우는 모두 1,014 건이다. 이에 따라 추이성 *transitivity*는 0.278 ($= \frac{1,014}{3,642}$)로 산출된다 (R sna: gtrans(fmh)). 이는 친구의 친구가 친구가 되는 비율이 27.8%임을 의미한다.

네트워크의 또 하나의 국소적 특성으로서 상호성(相互性, reciprocity)을 소개하기로 한다. 상호적 관계는 다음과 같이 정의된다.

if a → b, then b → a.

이 정의에 따르면 무방향 네트워크에서는 상호성이 항상 성립한다. 따라서 상호성 산출은 방향 네트워크(directed network)에서만 의미가 있다.

네트워크 **A**의 상호성 *reciprocity*는 관계의 상호성이 성립하는 상대적 빈도로 정의된다. 수식으로는

$$reciprocity(\mathbf{A}) = \frac{\text{sum}\,(\mathbf{A} \circ \mathbf{A}^t)}{\text{sum}\,(\mathbf{A})}$$

로 표현된다. 2장 1절에 소개된 정보 네트워크 knoke.infor에서 상호성 *reciprocity*는 69.4%로 산출된다 (R sna: grecip(knoke.infor, measure="edgewise")). 이는 한 쪽에서 정보를 주는 경우 상대 쪽에서 되갚는 경우가 69.4%임을 의미한다.

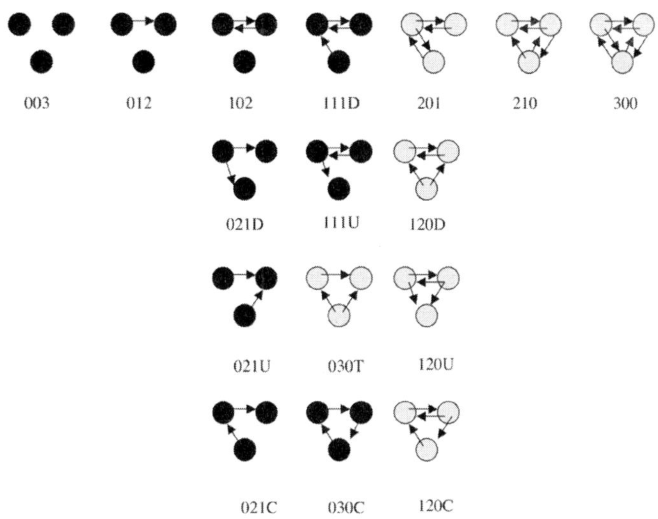

그림 2: 3자 간 관계의 센서스(triad census), http://www.biomedcentral.com/

네트워크의 특성을 3자 간 관계(triad relationship)를 통하여 살펴보기로 하자. 그림 2는 3자 간 관계로 가능한 모든 경우를 보여준다. n개 노드로 된 네트워크에서 3개 노드의 조합은 총 ${}_nC_3\,(=n(n-1)(n-2)/6)$개인데 이들은 그림 2의 16개 경우 중 하나로 분류된다.

R sna의 `triad.census` 함수를 사용하여, Knoke의 정보 네트워크 knoke.infor와 자금 네트워크 knoke.money에서 3자 간 관계의 센서스를 구할 수 있다 (자료에 대하여는 2장 1절과 연습문제 참조).

```
> triad.census(knoke.infor)
     003 012 102 021D 021U ... 030T 030C 201 120D 120U 120C 210 300
[1,]   3  13  12    1   13 ...    7    0  14    4    2    1  24   9
> triad.census(knoke.money)
     003 012 102 021D 021U ... 030T 030C 201 120D 120U 120C 210 300
[1,]  20  48   2   10   13 ...   14    0   0    3    0    1   0   0
```

정보 네트워크의 상대적 특성은 "300","210","201","111D" 경우 등이 많다는 점이다. 반면, 자금 네트워크는 상대적으로 "003","012","021D" 경우 등이 많다. 이 기법은 특히 생명과학에서 유용한 것으로 알려져 있다.

2. 부(副)그룹

사회네트워크는 하나의 큰 덩어리라기보다는 副그룹(subgroup)들의 연합체로 보는 것이 현실적이다. 따라서 주어진 네트워크 자료로부터 그 하부에 존재하는 부그룹들을 탐지해낼 필요가 있다.

주된 방법은 1장에서 소개한 바 있는 컴포넌트(component)를 찾는 것이다. 여기서 컴포넌트란 상호 도달가능한 노드들의 집합이다. 한 컴포넌트 내 노드들은 쌍방향 소통을 한다.

1절에 소개된 fmh 네트워크에서 컴포넌트를 찾아보자. 다음은 이를 위해 사용된 R 스크립트이다 (1절 부분 포함). sna 패키지의 components 함수를 사용하였다.

```
# Network's characteristics and subgroups
library(sna)
# Faux Magnolia High School data
library(ergm)
data(faux.magnolia.high)
summary(faux.magnolia.high)
fmh <- as.sociomatrix(faux.magnolia.high)
gplot(fmh, vertex.cex=0.5, arrowhead.cex=0.5)
round(gden(fmh),4)
round(gtrans(fmh),3)
components(fmh)
fmh.comp <- component.dist(fmh)
table(fmh.comp$csize)
head(fmh.comp$membership,100)
```

components(fmh)의 출력으로 모두 661개의 컴포넌트가 있음을 알 수 있는데, 컴포넌트들의 크기를 table(fmh.comp$csize)로 살펴보면

```
size:   1   2   3   4   5   6   7   8   9  11  12  19  23 439
freq: 524  64  29  11  12   4   7   4   1   1   1   1   1   1
```

이다. 즉, 1명으로 된 '외톨이' 컴포넌트가 524개 그룹, 2명으로 된 '단짝' 컴포넌트가 64개 그룹, ···, 23명으로 된 컴포넌트 1개 그룹, 439명으로 된 최대 컴포넌트 1개 그룹이 발견된다. 컴포넌트 크기의 분포적 비대칭성이 극명하게 나타난 것이다. 가장 큰 그룹의 fmh.comp$membership은 2번이다. 각자 확인해보길...

동아리(clique, 클리크)는 상호 직접 연결되는 노드들의 집합이다. 따라서 상호 도달가능한 노드들의 그룹인 컴포넌트(component)보다 더 세세하다. 수학적으로는 동아리는 컴포넌트의 부분집합(subset)이다.

컴포넌트(component)들의 집합은 전체 네트워크의 분할(partition)이다. 즉 컴포넌트들은 상호배반적이고 모두 합하면 전체가 된다 (mutually exclusive and collectively exhaustive). 그러나 동아리는 그렇지 않다.

아주 간단한 예로서 1장 그림 1의 '5명 구성원 팀의 네트워크 1'을 생각해 보자. 그 예에서 M1, M2, M3, M5는 제1의 컴포넌트가 된다. M4는 홀로 제2의 컴포넌트가 된다. 이렇듯 전체 노드는 제1 컴포넌트 또는 제2 컴포넌트에 속하고 두 컴포넌트는 겹치지 않는다. 같은 예에서 제1의 동아리는 M1과 M3, 제2의 동아리는 M1과 M5로 구성된다. 제3의 동아리는 M2로만, 제4의 동아리는 M4로만 구성된다. 제1 동아리와 제2 동아리는 M1을 공유한다. 제1 동아리, 제2 동아리, 제3 동아리는 제1 컴포넌트의 부분이고 제4 동아리는 제2 컴포넌트와 일치한다.

`fmh` 네트워크 자료에서 동아리들을 찾아보자. 다음은 이를 위해 사용된 `R` 스크립트이다 (앞 스크립트에 이어서). `sna` 팩키지의 `clique.census` 함수를 사용하였다.

```
# Faux Magnolia High School data (Continued)
fmh.clique <- clique.census(fmh, clique.comembership="bysize")
str(fmh.clique$cliques)
core.list <- c(122,183,530,1143,1160)  # fmh.clique$cliques[[5]]
fmh.comp$membership[core.list]
fmh[core.list,core.list]
# end
```

매우 많은 수의 동아리가 발견되는데 그 중 가장 큰 것이 5명 동아리이다 (학생번호 122,183,530,1143,1160). 이들은 서로 직접 연결되어 있으며 제2 컴포넌트에 속해 있다. 이 동아리는 상호 밀집된 최대 부그룹이므로 통계자료의 기술에서 '최빈점'(mode)에 해당하는 역할을 한다고 볼 수 있다.

다음은 최대 동아리에 속한 122번 학생과 이 학생에서 도달가능한 제2 컴포넌트 내 438명 학생들 간 최단거리의 분포를 정리한 결과이다. 최대값이 25이므로, 122번 학생과 그 학생으로부터 도달가능한 제2 컴포넌트 내 학생들 중에서 가장 멀리 있는 학생을 연결하기 위해서는 24명이 다리를 놓아야 한다.

```
> summary(sort(geodist(fmh)$gdist[122,])[2:439])[-4]
   Min.  1st Qu.  Median 3rd Qu.    Max.
      1       11      14      17      25
```

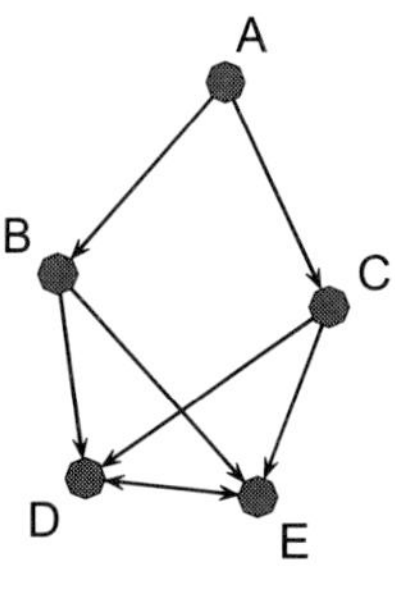

그림 3: 네트워크 **S**

3. 구조적 동치성과 블록 모형화

네트워크에서 특정 2개 노드가 나머지 노드들과의 동일한 관계에 있는 경우 구조적 동치(structural equivalence)의 관계에 있다고 한다. 예를 들어 5개 노드 "A", "B", "C", "D", "E" 간 네트워크 **S**가 다음 5×5 지시행렬로 정의되었다고 하자.

$$\mathbf{S} = \begin{pmatrix} 0 & 1 & 1 & 0 & 0 \\ 0 & 0 & 0 & 1 & 1 \\ 0 & 0 & 0 & 1 & 1 \\ 0 & 0 & 0 & 0 & 1 \\ 0 & 0 & 0 & 1 & 0 \end{pmatrix}.$$

그림 3을 보라. 네트워크 **S**를 잘 관찰해보면 노드 "B"와 "C"는 서로 교환하더라도 네트워크는 본질적으로 불변임을 알 수 있다. 마찬가지로 노드 "D"와 "E"를 서로 교환하더라도 네트워크가 달라지지 않는다. "B"와 "C"는 구조적으로 동치이고 "D"와 "E"도 구조적으로 동치이다.

실제 네트워크에 있어서는 동치성이 근사적으로 존재할 뿐 앞의 예와 같이 완벽한 동치성을 기대하기 어렵다. 근사적 동치성을 포착하기 위하여 n개 노드의 네트워크 $\mathbf{G}\,(=(g_{ij}))$에서 다음과 같이 2개 노드 i와 j 간 거리를 정의한다.

해밍(Hamming) 거리: $\quad d_{ij}^{H} = \sum_{k \neq i,j} \left(|\, g_{ik} - g_{jk}| + |\, g_{ki} - g_{kj}| \right).$

즉, $g_{ij} = 0$ 또는 1인 경우, 해밍 거리는 행 i와 행 j에서, 그리고 열 i와 열 j에서,

i 요소와 j 요소를 제외한 나머지 요소를 비교하였을 때 일치하지 않는 요소 쌍(pair of elements)의 수이다.

이렇게 n개 노드 간 거리를 획득한 다음, 통계적 군집화(clustering, 집락화) 알고리즘을 적용하면 근사적으로 동치적인 노드들의 집합을 구할 수 있게 된다.

한 예로서, 다음과 같이 임의 생성된 10개 노드 네트워크 **G**에서 근사적으로 동치적인 노드 군집(집락)을 찾아보기로 하자.

```
# random example: structural equivalence
library(sna)
set.seed(123)
p1 <- runif(10,0,1)
p2 <- runif(10,0,1)
G1 <- rgraph(10,tprob=sapply(p1,rep,10))
G2 <- rgraph(10,tprob=t(sapply(p2,rep,10)))
G <- G1*G2
G
```

생성된 임의 행렬 **G**는 다음과 같다.

```
> G
      [,1] [,2] [,3] [,4] [,5] [,6] [,7] [,8] [,9] [,10]
 [1,]    0    0    0    1    0    0    0    1    0     1
 [2,]    1    0    0    0    1    0    1    0    0     1
 [3,]    0    0    0    1    0    0    0    1    1     0
 [4,]    0    0    0    0    1    0    0    1    0     1
 [5,]    0    1    0    0    0    0    0    0    0     0
 [6,]    0    0    0    1    1    0    0    1    0     1
 [7,]    0    0    0    1    0    0    0    0    0     0
 [8,]    0    0    0    0    0    0    0    0    0     0
 [9,]    0    1    0    0    1    0    0    0    0     0
[10,]    0    0    0    1    1    0    0    1    1     0
```

노드 1과 2 간 Hamming 거리를 구해보자.

행 1: $(*, *, 0, 1, 0, 0, 0, 1, 0, 1)$

행 2: $(*, *, 0, 0, 1, 0, 1, 0, 0, 1)$. 따라서 4개 요소 쌍에서 불일치.

열 1: $(*, *, 0, 0, 0, 0, 0, 0, 0, 0)$

열 2: $(*, *, 0, 0, 1, 0, 0, 0, 1, 0)$. 따라서 2개 요소 쌍에서 불일치.

이로써 총 6개 요소 쌍에서 불일치하므로 $d_{12} = 6$이다. 다음은 모든 노드 쌍에 대해 이런 식으로 구한 Hamming 거리 행렬이다. `sna` 팩키지의 `sedist` 함수가 사용되었다.

```
> sedist(G,method="hamming")
      [,1] [,2] [,3] [,4] [,5] [,6] [,7] [,8] [,9] [,10]
 [1,]    0    6    3    6    8    2    2    7    8    4
 [2,]    6    0    9   10    6    6    6   11    6   10
 [3,]    3    9    0    7    9    3    3    6    5    5
 [4,]    6   10    7    0    8    4    8    3    6    4
 [5,]    8    6    9    8    0    8    6    5    4    6
 [6,]    2    6    3    4    8    0    4    7    6    4
 [7,]    2    6    3    8    6    4    0    7    6    6
 [8,]    7   11    6    3    5    7    7    0    5    5
 [9,]    8    6    5    6    4    6    6    5    0    8
[10,]    4   10    5    4    6    4    6    5    8    0
```

Hamming 거리 행렬에 기초하여 완전연결법(complete linkage)에 의한 군집화를 해보기로 한다.[1] 다음 R 스크립트를 보라. `equi.cluster` 함수가 사용되었다.

```
# Cluster based on structural equivalence
cluster <- equiv.clust(G,method="hamming",cluster.method="complete")
x11(); plot(cluster,main="cluster dendrogram",sub="")
```

그림 4에서 군집화 결과를 시각화한 덴드로그램을 보라. 높이 $h = 4\frac{1}{2}$에서 나무를 절단하는 경우 5개 블록이 형성되는 것을 볼 수 있다: $\{2\}$, $\{5,9\}$, $\{7,3,1,6\}$, $\{10\}$, $\{4,8\}$. 높이 h의 절단값을 $2\frac{1}{2}$로 하였더라면 오직 노드 1과 6만이 병합되었을 것이다 (9개 블록).

다음은 인접행렬의 행과 열의 순서를 재배열하여 군집으로 블록화된 모습으로 보여주기 위한 R 스크립트이다.

```
# Form a blockmodel with distance cut at h=4.5
```

1 완전연결법은 병합대상인 두 그룹 간 거리를 이(異)군집 개체 간 최대거리로 정의한다.

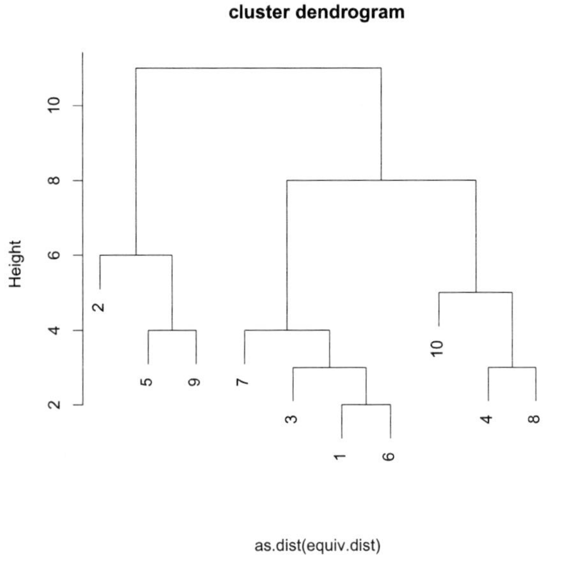

그림 4: 임의 네트워크 **G**의 군집화 덴드로그램

```
b.model <- blockmodel(G,cluster,h=4.5)
b.model
x11(); plot(b.model)
# end
```

그림 5의 재배열 인접행렬에서 네트워크 **G**에 존재하는 다수의 블록을 볼 수 있다 (블록 모델). 검게 칠해진 칸은 연결선의 존재를 나타낸다.

참고문헌

- Hanneman, R.A., and Riddle, M. (2005). *Introduction to Social Network Methods.* Available at `http://www.faculty.ucr.edu/~hanneman/nettext/`. 11장 참조.

- Suzuki, T. (2009). *Network Analysis* (Learning Data Science by R, Series Number 8). Kyorisu Publishing Company, Tokyo. [Written in Japanese] 3장과 5장 참조.

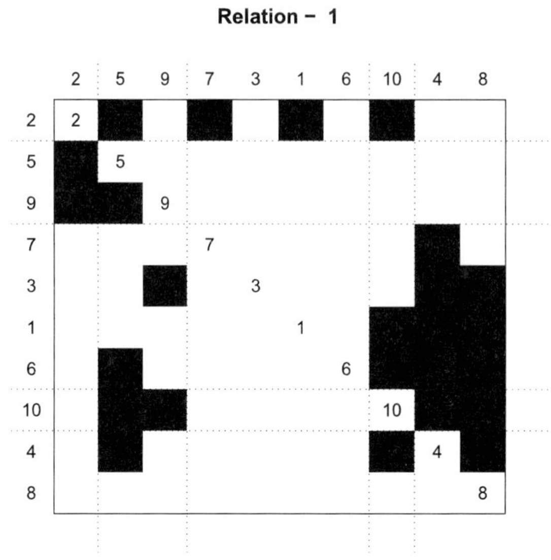

그림 5: 임의 네트워크 **G**의 블록 모델

연습문제

1. 2장 1절에 소개된 Knoke의 정보 네트워크에 대하여 추이성과 상호성 등 네트워크 특성을 살펴보고 컴포넌트 · 동아리(클리크)를 찾아보라.

2. 2장 연습문제에 소개된 Knoke의 자금(money) 네트워크에 대하여 추이성과 상호성 등 네트워크 특성을 살펴보고 컴포넌트 · 동아리(클리크)를 찾아보라. 정보 네트워크에 비교하여 자금 네트워크는 어떠한 특성이 있는가?

3. 2장 1절에 소개된 Knoke의 정보 네트워크에 대하여 구조적 동치성의 관점에서 가장 근접한 2개 노드의 블록을 찾아라.

4장. 가중 네트워크 Weighted Network

가중 네트워크(weighted network)란 연결선(link, edge)에 가중치가 붙은 사회네트워크이다. 가중치는 연결의 강도(強度, strength)나 빈도(frequency)와 같은 것으로 연결선 별로 차이가 있는 경우 고려된다. 한 조직의 구성원 간 커뮤니케이션 빈도나 친근한 정도가 그런 예이다. 이 장은 가중 네트워크에서의 중심성을 다룬다.

1. 사례: 심리학 저널의 상호인용 빈도

이 장에서는 '심리학 저널의 상호인용 빈도 자료' 사례를 시범적으로 분석해보기로 한다 (자료출처: Lattin, Carroll and Green 2003). 이 자료에 포함된 심리학 저널 8종은 다음과 같다.

> AJP(*American Journal of Psychology*), JASP(*Journal of Abnormal and Social Psychology*), JAP(*Journal of Applied Psychology*), JCPP(*Journal of Comparative and Physiological Psychology*), JCP(*Journal of Consulting Psychology*), JEDP(*Journal of Educational Psychology*), JEXP(*Journal of Experimental Psychology*), PKA(*Psychometrika*).

자료는 표 1과 같다. 여기서 칸 (i, j) 빈도는 저널 i의 논문이 저널 j에 인용된 횟수이다. 예컨대 $(1, 2)$ 요소 32는 AJP 논문 32편이 JASP에 인용되었음을, $(2, 1)$ 요소 8은는 JASP 논문 8편이 AJP에 인용되었음을 뜻한다. 이렇듯 상호인용 자료는 자연스럽게 방향성을 가진다. 그러나 이 자료에 대한 기존 분석방법인 다차원 척도법(multidimensional scaling)에서는 자료행렬의 비대칭성을 고려할 수 없었다.

대각선 요소 즉 자체 인용은 분석 대상에서 제외함으로써 표 1의 자료를 방향 네트워크로 간주할 것이다.

그림 1은 상호인용 네트워크의 그래프이다. 상호인용 수를 해당 연결의 선 폭(line width)으로 표현하였고 자체인용 횟수를 노드의 크기로 표현하였다. JCPP–JEXP–JASP–JCP의 연결과 JEXP–AJP의 연결이 튼실하게 나타나 있다.

다음은 그림 1 작성을 위해 사용된 `R sna` 스크립트이다.

```
# Weighted Network Analysis of Psychology Journal Reference Pattern
```

표 1: 심리학 저널 8종의 상호인용 빈도

	[1]	[2]	[3]	[4]	[5]	[6]	[7]	[8]
[1] AJP	119	32	2	35	6	4	125	2
[2] JASP	8	510	8	8	116	9	19	5
[3] JAP	4	16	84	0	11	7	6	5
[4] JCPP	21	11	1	533	1	0	70	0
[5] JCP	0	73	7	0	225	3	0	13
[6] JEDP	1	9	8	1	7	52	0	2
[7] JEXP	85	119	16	126	12	27	586	13
[8] PKA	2	4	10	1	7	5	15	58

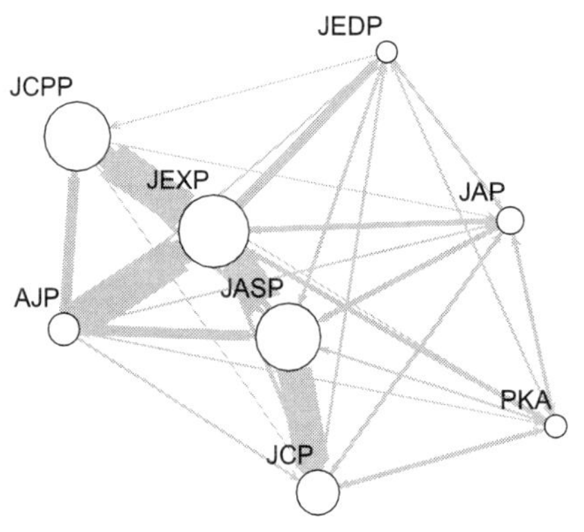

그림 1: 심리학 저널의 상호인용 네트워크

```
psych <- matrix(c(119, 32,  2, 35,  6,  4,125,  2,
                   8,510,  8,  8,116,  9, 19,  5,
                   4, 16, 84,  0, 11,  7,  6,  5,
                  21, 11,  1,533,  1,  0, 70,  0,
                   0, 73,  7,  0,225,  3,  0, 13,
                   1,  9,  8,  1,  7, 52,  0,  2,
                  85,119, 16,126, 12, 27,586, 13,
                   2,  4, 10,  1,  7,  5, 15, 58), byrow=T,nrow=8)
```

```
psych.w <- psych-diag(diag(psych))
rownames(psych.w) <- c("AJP","JASP","JAP","JCPP","JCP","JEDP","JEXP","PKA")
colnames(psych.w) <- rownames(psych.w)
library(sna)
gplot(psych.w, displaylabels=T, boxed.labels=F,
      vertex.cex=sqrt(diag(psych))/8,vertex.col="white",vertex.sides=20,
      edge.lwd = psych.w/4, edge.col="grey", label.pos=3)
```

2. 근접성

이 절에서 다룰 다음 인접행렬 $\mathbf{L}_w$는 2장 1절의 인접행렬 $\mathbf{L}$을 약간만 바꾼 것이다. 어떤 차이가 있는지 살펴보라.

$$\mathbf{L}_w = \begin{pmatrix} 0.00 & 0.00 & 0.00 & 1.00 & 0.00 & 0.00 & 0.00 & 0.00 & 0.00 \\ 0.00 & 0.00 & 0.00 & 0.50 & 0.00 & 0.00 & 0.00 & 0.00 & 0.00 \\ 0.00 & 0.00 & 0.00 & 0.50 & 0.00 & 0.00 & 0.00 & 0.00 & 0.00 \\ 1.00 & 0.50 & 0.50 & 0.00 & 1.00 & 0.00 & 0.00 & 0.00 & 0.00 \\ 0.00 & 0.00 & 0.00 & 1.00 & 0.00 & 1.00 & 0.00 & 0.00 & 0.00 \\ 0.00 & 0.00 & 0.00 & 0.00 & 1.00 & 0.00 & 0.50 & 0.00 & 0.00 \\ 0.00 & 0.00 & 0.00 & 0.00 & 0.00 & 0.50 & 0.00 & 0.25 & 0.00 \\ 0.00 & 0.00 & 0.00 & 0.00 & 0.00 & 0.00 & 0.25 & 0.00 & 0.25 \\ 0.00 & 0.00 & 0.00 & 0.00 & 0.00 & 0.00 & 0.00 & 0.25 & 0.00 \end{pmatrix}. \tag{1}$$

$\mathbf{L}$에서 1이 있던 위치에 $\mathbf{L}_w$는 $w\,(>0)$를 값으로 갖는데 이 값이 해당 연결선에 걸린 가중치이다. 여기서 주의할 점은 가중치는 거리(distance)와 역의 관계에 있어야 한다는 점이다. 즉, 노드 간 연결의 가중치가 클수록 노드 간 거리가 짧아져야 한다. 식 1과 같은 행렬을 가중인접행렬(weighted adjacency matrix)이라고 한다.

그림 2가 이 네트워크의 그래프이다. 노드 1과 4 사이의 가중치가 1로서 노드 2와 4 사이 가중치 0.5보다 크기 때문에 그림에서 노드 1과 4가 노드 2와 4보다 가깝게 표현되어 있다.

가중 네트워크에 대하여 최단거리 행렬만 구하면 각 노드의 근접 중앙성(closeness centrality)을 쉽게 산출할 수 있다. 먼저 할 일은 가중 인접행렬로부터 노드 간 인접 거리행렬을 정의하는 일이다. 단순성을 위하여 인접노드 간 거리를 연결선 가중치의 역수로 정의하자. 즉, (i,j) 요소 w_{ij}를 그것의 역수인 $1/w_{ij}$로 바꾼다. 0은 ∞가 된다.

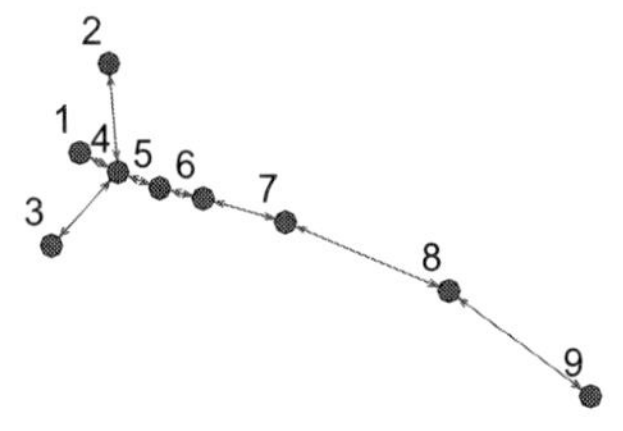

그림 2: 거의 선형인 가중 네트워크 $\mathbf{L}_w$

이에 따라 가중인접행렬 $\mathbf{L}_w$에 대해 인접거리행렬(adjacent distance matrix) $\mathbf{G}_w$가

$$\mathbf{G}_w = \begin{pmatrix} \infty & \infty & \infty & 1. & \infty & \infty & \infty & \infty & \infty \\ \infty & \infty & \infty & 2. & \infty & \infty & \infty & \infty & \infty \\ \infty & \infty & \infty & 2. & \infty & \infty & \infty & \infty & \infty \\ 1. & 2. & 2. & \infty & 1. & \infty & \infty & \infty & \infty \\ \infty & \infty & \infty & 1. & \infty & 1. & \infty & \infty & \infty \\ \infty & \infty & \infty & \infty & 1. & \infty & 2. & \infty & \infty \\ \infty & \infty & \infty & \infty & \infty & 2. & \infty & 4. & \infty \\ \infty & \infty & \infty & \infty & \infty & \infty & 4. & \infty & 4. \\ \infty & \infty & \infty & \infty & \infty & \infty & \infty & 4. & \infty \end{pmatrix}$$

가 되고 노드 간 최단거리(geodesic distance) 행렬 $\mathbf{D}_w$는

$$\mathbf{D}_w = \begin{pmatrix} 0 & 3 & 3 & 1 & 2 & 3 & 5 & 9 & 13 \\ 3 & 0 & 4 & 2 & 3 & 4 & 6 & 10 & 14 \\ 3 & 4 & 0 & 2 & 3 & 4 & 6 & 10 & 14 \\ 1 & 2 & 2 & 0 & 1 & 2 & 4 & 8 & 12 \\ 2 & 3 & 3 & 1 & 0 & 1 & 3 & 7 & 11 \\ 3 & 4 & 4 & 2 & 1 & 0 & 2 & 6 & 10 \\ 5 & 6 & 6 & 4 & 3 & 2 & 0 & 4 & 8 \\ 9 & 10 & 10 & 8 & 7 & 6 & 4 & 0 & 4 \\ 13 & 14 & 14 & 12 & 11 & 10 & 8 & 4 & 0 \end{pmatrix}.$$

가 된다. 확인을 위하여 한 경우만 따져보자. $\mathbf{D}_w$에서 노드 1과 7 사이 최단거리는 5로 나타나 있는데 그 이유는 두 노드 사이 최단경로가 노드 1–4–5–6–7이고 그 사

이가 거리가 각각 1, 1, 1, 2이기 때문이다.

2장에서와 같이 근접 중심성의 정의는 두 가지가 있는데 이를 그대로 써도 되겠다 ($C_{w[1]}$과 $C_{w[2]}$로 표기를 변경함).

$$C_{w[1]}(i) = \frac{n-1}{\sum_{j \neq i} d_w(i,j)}, \quad i = 1, \cdots, n.$$

$$C_{w[2]}(i) = \frac{\sum_{j \neq i} 1/d_w(i,j)}{n-1}, \quad i = 1, \cdots, n.$$

여기서 $d_w(i,j)$는 가중 네트워크에서 최단거리 행렬 $\mathbf{D}_w$의 (i,j) 요소로서 노드 i에서 j에 이르는 최단경로의 길이이다.

이 정의에 따라 네트워크 $\mathbf{L}_w$의 노드 1부터 9까지의 근접 중심성을 구해보면

$$C_{w[1]}: \quad 0.205, 0.174, 0.174, 0.250, 0.258, 0.250, 0.211, 0.138, 0.093,$$

$$C_{w[2]}: \quad 0.361, 0.251, 0.251, 0.495, 0.467, 0.388, 0.249, 0.156, 0.109.$$

그러므로 정의 1을 따르면 노드 5의 중심성이 가장 크고 정의 2를 따르면 노드 4의 중심성이 가장 크다. 2장에서 말한대로 정의 2가 보다 합당한 것으로 생각된다.

다음은 이 절에서 사용된 R 스크립트이다.

```
# Weighted Network Analysis: Closeness Centrality
library(sna)
# The nearly linear weighted network
L.w <- matrix(c(0,0,0,1,0,0,0,0,0,
                0,0,0,.5,0,0,0,0,0,
                0,0,0,.5,0,0,0,0,0,
                1,.5,.5,0,1,0,0,0,0,
                0,0,0,1,0,1,0,0,0,
                0,0,0,0,1,0,.5,0,0,
                0,0,0,0,0,.5,0,.25,0,
                0,0,0,0,0,0,.25,0,.25,
                0,0,0,0,0,0,0,.25,0),byrow=T,nrow=9)
gplot(L.w,displaylabels=T,vertex.cex=2,label.cex=1.5,edge.col= red ,
      label.pos=3,boxed.labels=F,arrowhead.cex=1,mode="kamadakawai")
(G.w <- 1/L.w)
(D.w <- geodist(G.w,ignore.eval=F)$gdist)
```

```
round(closeness(G.w,ignore.eval=F),3) # Type 1 closeness
round(closeness(G.w,cmode="suminvundir",ignore.eval=F),3) # Type 2
# end
```

3. 중개성

2장에서 중개 중심성(betweenness centrality)은 네트워크에서 한 노드가 다른 두 노드 사이(between) 최단경로에 놓이는 경우의 수로 정의된 바 있다. 가중 네트워크의 경우에도 그 개념은 계속 유효하다. 다만 달라진 점이 있다면 두 노드 사이 최단경로를 찾는 단계에서 가중치를 고려해야 한다는 점이다. 이 절에서도 역시 두 노드 사이 거리는 가중치의 역수임을 전제한다.

예로서 T. Opsahl의 가중 네트워크 예를 사용하기로 한다 (http://toreopsahl.com/):

$$\mathbf{T}_w = \begin{pmatrix} 0 & 4 & 2 & 0 & 0 & 0 \\ 4 & 0 & 1 & 4 & 2 & 0 \\ 2 & 1 & 0 & 0 & 0 & 0 \\ 0 & 4 & 0 & 0 & 0 & 0 \\ 0 & 2 & 0 & 0 & 0 & 1 \\ 0 & 0 & 0 & 0 & 1 & 0 \end{pmatrix}.$$

그림 3을 보라. 이 네트워크에서 특이한 점은 노드 2에서 3으로 가는 경로에 있다. 두 가지 경로가 가능한데 하나는 직접 가는 방법이고 다른 하나는 노드 1을 거쳐 우회하는 방법이다 (즉 2–1–3). 직접 경로의 거리는 1이다. 그런데 우회 경로의 거리는 0.75 ($=\frac{1}{4}+\frac{1}{2}$)로 더 짧다. 노드 1이 노드 2와 3을 중개하는 역할을 하는 것이다. 뿐만 아니라 노드 1은 노드 3과 4, 5, 6의 연결에서 중개 역할을 한다. 따라서 가중 네트워크 $\mathbf{T}_w$가 무방향임을 고려하면 노드 1의 중개성(betweenness)은 8이 된다.

다음은 이 절에서 사용된 R 스크립트이다.

```
# Weighted Network Analysis: Betweenness Centrality
library(sna)
# The Tore Opsahl's example
T.w <- matrix(c(0,4,2,0,0,0,
                4,0,1,4,2,0,
                2,1,4,0,0,0,
                0,4,0,0,0,0,
```

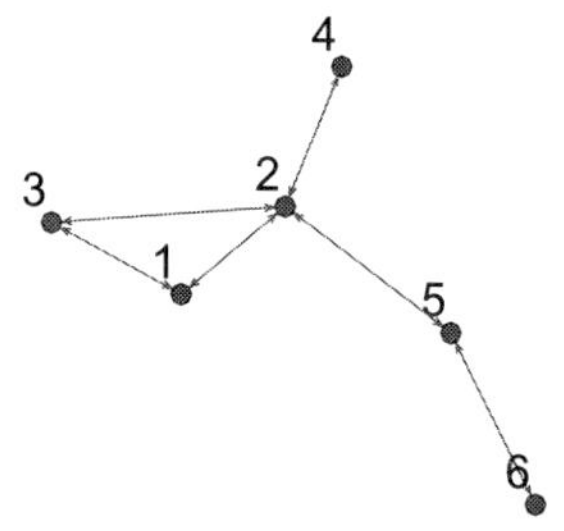

그림 3: Opsahl의 가중 네트워크

```
                0,2,0,0,0,1,
                0,0,0,0,1,0),byrow=T,nrow=6)
gplot(T.w, displaylabels=T, vertex.cex=2, label.cex=2, edge.col="red",
      label.pos = 3, boxed.labels=F, arrowhead.cex=1)
(G.w <- 1/T.w)
geodist(G.w,ignore.eval=F)
betweenness(G.w,ignore.eval=F)
# end
```

4. 그밖의 중심성

근접 중심성과 중개 중심성 외에, 고유벡터 중심성(eigenvector centrality)은 그대로 가중 네트워크에 적용할 수 있고 연결선 수(degree)와 그래프 중심성(graph centrality)도 정의를 조금만 다듬으면 가중 네트워크에 적용할 수 있다.

가중 네트워크 $\mathbf{W}(= (w_{ij}))$의 고유벡터 중심성은 다음과 같이 유도된다. 가중 네트워크의 n개 노드에 대하여 각각 $c_1, \cdots, c_n$의 중요도가 부여되었다면 배출(exporting, 발신) 방향에서

$$c_i \propto \sum_{j=1}^{n} w_{ij} c_j, \quad i = 1, \cdots, n$$

의 관계가 기대된다. $\mathbf{c} = (c_1, \cdots, c_n)^t$로 표기하면

$$\lambda \mathbf{c} = \mathbf{W}\mathbf{c}$$

이다. 즉 네트워크 행렬 $\mathbf{W}$에 대한 고유값 분해(eigenvalue decomposition)에서 제1 고유벡터를 취하면 된다. 진입(importing, 수신)의 방향에서는 네트워크 행렬 $\mathbf{W}^t$에 대한 고유값 분해에서 제1 고유벡터를 취한다.

sna 팩키지에서 고유벡터 중심성 함수 evcent은 ignore.eval=F를 허용하므로 가중 네트워크에 적용이 가능하다. 그러나 종종 불안정한 해를 낸다. 예컨대 2절의 네트워크 $\mathbf{L}_w$에 evcent()를 적용해보면 다음과 같은 경고 메시지가 뜬다.

```
> evcent(L.w,ignore.eval=F)
  ...
Maximum iterations exceeded in evcent_R without convergence.
```

이런 경우에는 sna 팩키지에 의존하지 말고 R base 함수인 eigen으로 다음과 같이 행렬의 제1 고유벡터를 직접 구하는 편이 낫다. 단, 고유벡터 요소들의 부호가 모두 음인 경우에는 부호를 모두 양으로 바꿀 필요가 있다.

```
> round(eigen(L.w)$vectors[,1],2)
[1] -0.35 -0.18 -0.18 -0.62 -0.55 -0.34 -0.10 -0.01  0.00
```

연결선 수(degree)는 노드에 연결된 연결선이 갖는 가중치의 합으로 정의한다. 예컨대 2절의 거의 선형인 가중 네트워크 $\mathbf{L}_w$에서 노드 4가 갖는 연결선 수는 6이다. 왜냐하면 출선 수(outdegree)가 $3\,(= 1 + 0.5 + 0.5 + 1)$이고 입선 수(indegree)도 3이기 때문이다. R sna에서 가중 네트워크 L.w의 연결선 수를 구하기 위한 스크립트는 degree(L.w,ignore.eval=F)이다.

가중 네트워크에서 노드 i의 그래프 중심성(graph centrality) $C_G(i)$는 다음과 같이 정의된다.

$$C_G(i) = \frac{1}{\max_{j \neq i} d_w(i,j)}, \quad i = 1, \cdots, n.$$

여기서 $d_w(i,j)$는 가중 네트워크에서 노드 i에서 $j\,(\neq i)$로 가는 최단경로의 길이이다. 예컨대 2절의 거의 선형인 가중 네트워크 $\mathbf{L}_w$에서 노드 4의 그래프 중심성은 $0.0833\,(= \frac{1}{12})$이다. R sna에서 가중 네트워크 L.w의 그래프 중심성을 구하기 위한 스크립트는 graphcent(G.w,ignore.eval=F)이다.

5. 사례 (계속): 심리학 저널의 상호인용 빈도

1절의 심리학 저널의 상호인용 빈도 네트워크에서 중심성을 산출해보기로 한다. 근접 중심성과 중개 중심성을 산출하기 위해 다음 R 스크립트가 작성되었다.

```
# weighted centrality for psych network (continued)
G.w <- 1/psych.w
round(G.w,3)
round(closeness(G.w,cmode="suminvdir",ignore.eval=F)) # outward
betweenness(G.w,ignore.eval=F)
round(closeness(t(G.w),cmode="suminvdir",ignore.eval=F)) # inward
betweenness(t(G.w),ignore.eval=F)
# end
```

근접 중심성(정의 2) 출력으로 다음을 얻는다.

	AJP	JASP	JAP	JCPP	JCP	JEDP	JEXP	PKA
피인용(out)	48	28	10	33	21	7	64	12
인용 (in)	25	48	11	35	40	15	37	10

따라서 근접성의 관점에서는 피인용(exports, 나가는 방향)에서의 JEXP와 AJP 등이 중심이고 인용(imports, 들어오는 방향)에서의 중심성은 JASP와 JCP 등이 중심임을 알 수 있다. 반면, R sna의 중개 중심성 출력에서는 문제가 발견된다.

이에 따라 가중 네트워크에 대한 전문 라이브러리인 R tnet를 사용할 필요가 있다. 다음이 그 결과이다.

	AJP	JASP	JAP	JCPP	JCP	JEDP	JEXP	PKA
피인용(out)	0	5	0	0	0	0	16	0
인용 (in)	0	5	0	0	0	0	16	0

중개성의 관점에서는 피인용(exports, 나가는 방향)과 인용(imports, 들어오는 방향)에서 JEXP와 JASP가 중심임을 알 수 있다. 다음 R 스크립트가 사용되었다.

```
# tnet computation for betweenness
library(tnet)
betweenness_w(psych.w)
betweenness_w(t(psych.w))
# end
```

다음은 피인용(exports, 나가는 방향)과 인용(imports, 들어오는 방향)에서 고유벡터 중심성을 구한 결과이다.

```
> rownames(psych.w)
[1] "AJP"  "JASP" "JAP"  "JCPP" "JCP"  "JEDP" "JEXP" "PKA"
> round(evcent(psych.w,ignore.eval=F),2)
[1] 0.60 0.18 0.06 0.36 0.08 0.02 0.68 0.08
> round(evcent(t(psych.w),ignore.eval=F),2)
[1] 0.29 0.58 0.10 0.40 0.44 0.12 0.44 0.09
```

연습문제

1. R tnet 라이브러리의 Freemans.EIES.net.1.n48 자료는 48명 연구자 간 '친밀도' 관계를 1차 조사한 사회네트워크 자료이다. 이 네트워크에서 연결선은 친밀도 s로서 4, 3, 2, 1, 0의 값을 갖는데, "4"는 매우 친밀한 관계임을, "3"은 보통 친구임을, "2"는 만난 적이 있는 관계임을, "1"은 들어본 적이 있는 사람임을, "0"은 전혀 모르는 사람임을 나타낸다. 노드 간 거리 d를 $\frac{1}{2^s}$로 정의하여 사회 네트워크의 중심성을 분석하여라.

2. R tnet 라이브러리의 Freemans.EIES.net.2.n48 자료는 앞과 동일한 연구자 간 '친밀도' 관계를 2차 조사한 사회네트워크 자료이고 친밀도도 같은 방식으로 코딩되었다. 2차 네트워크의 중심성을 분석하고 1차 네트워크의 중심성과 어떤 차이가 있는가를 살펴보라.

* 주의: tnet 라이브러리가 불러질 때 igraph 라이브러리가 같이 들어오게 되는데 이 라이브러리의 몇 개 함수가 sna 라이브러리의 몇 개 함수와 충돌을 일으키는 문제가 생긴다. 따라서 두 라이브러리가 공존하지 않게 조치할 필요가 있다. 다음이 한 방법이다.

```
library(tnet)
data(Freemans.EIES)
detach(package:igraph)
library(sna)
.
.
```

5장. 2부 네트워크 BIPARTITE NETWORK

2부 네트워크(bipartite network)는 n개 행 노드와 m개 열 노드 간 연결로 구성된 사회 네트워크이다. 일명 2상 네트워크(two-mode network)라고도 한다. 대표적인 예는 n명 개인에 대하여 그들이 가입한 m개 클럽을 조사한 클럽 멤버십 자료이다 (중복가입 가능). 개인 2명이 어느 한 클럽에 가입되어 있다면 소통 관계인 것으로 보고 2개 클럽이 한 개인을 회원으로 공유하면 연결된 것으로 본다. 이와 같은 식으로 개인(=행 노드) 간, 그리고 클럽(=열 노드) 간 네트워크가 형성된다. 이 장은 2부 네트워크의 표현 및 분석의 방법을 다룬다.

1. 2상 연결 자료

2상 연결 자료(two-mode linkage data)는 사회 구성원과 조직(구성체) 간 관계를 나타내는 데 안성맞춤이다. 예컨대 K대 S학과 학생 6명에 대하여 그들이 참여하는 세미나 모임(A, B, C)을 조사한 결과 다음과 같다고 하자 (참여 1, 비참여 0).

	A	B	C
학생 1	1	0	0
학생 2	1	1	0
학생 3	1	0	0
학생 4	0	1	0
학생 5	0	1	1
학생 6	0	0	1

이 '학생-세미나' 자료에 의하면 학생 1은 모임 A에만 참여하고 학생 2는 모임 A와 B에 참여한다. ⋯ 이런 식으로, 학생 6은 모임 C에만 참여한다.

그림 1은 '학생-세미나' 자료를 그래프로 만든 것이다. 원 그래프에서 모임은 파란 색 노드로, 학생은 빨간 색 노드로 표현되어 있다.

학생 2에 의해 모임 A와 모임 B가 연결되고 학생 5에 의해 모임 B와 모임 C가 연결됨을 볼 수 있다. 학생들 중에는 학생 2와 학생 5가 중심적 역할을 한다. 모임 중에는 모임 B가 모임 A와 모임 C를 연결하는 고리 역할을 한다.

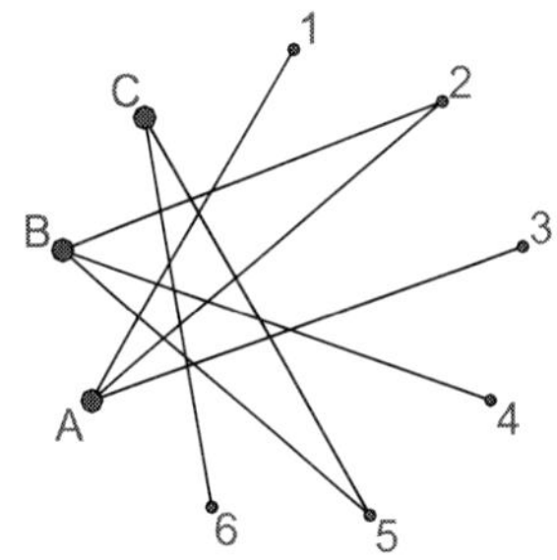

그림 1: 학생-세미나 네트워크

일반적으로, 행 노드 n개와 열 노드 m개의 연결로 2상 자료가 구성된다. 이러한 2상 자료는 $n \times m$ '연관행렬'(affiliation matrix) $\mathbf{A}$로 나타내진다. 구성원(행) 간 연결이 오직 조직(열)을 통하여 이루어진다면, 전체 네트워크는

$$\mathbf{B} = \begin{pmatrix} \mathbf{0}_n & \mathbf{A} \\ \mathbf{A}^t & \mathbf{0}_m \end{pmatrix}$$

로 나타낼 수 있다. 여기서 $\mathbf{B}$의 左上 블록 $\mathbf{0}_n$은 $n \times n$의 영(zero) 행렬이고 右下 블록 $\mathbf{0}_m$은 $m \times m$의 영 행렬이다. 즉, $\mathbf{B}$는 $(n+m) \times (n+m)$ 네트워크 행렬이다.

'학생-세미나' 사례에서 전체 네트워크는 다음 9×9 행렬로 표현된다.

$$\mathbf{B} = \begin{pmatrix} 0 & 0 & 0 & 0 & 0 & 0 & 1 & 0 & 0 \\ 0 & 0 & 0 & 0 & 0 & 0 & 1 & 1 & 0 \\ 0 & 0 & 0 & 0 & 0 & 0 & 1 & 0 & 0 \\ 0 & 0 & 0 & 0 & 0 & 0 & 0 & 1 & 0 \\ 0 & 0 & 0 & 0 & 0 & 0 & 0 & 1 & 1 \\ 0 & 0 & 0 & 0 & 0 & 0 & 0 & 0 & 1 \\ 1 & 1 & 1 & 0 & 0 & 0 & 0 & 0 & 0 \\ 0 & 1 & 0 & 1 & 1 & 0 & 0 & 0 & 0 \\ 0 & 0 & 0 & 0 & 1 & 1 & 0 & 0 & 0 \end{pmatrix}.$$

2부 네트워크 분석의 기본은 전체 행렬 $\mathbf{B}$를 1개의 네트워크로 다루는 것이다. 다만, 각종 지표를 행 노드 군과 열 노드 군으로 구분하여 읽는다.

수치 예로서, '학생-세미나' 네트워크에 대해 연결선 수, 근접 중심성 1, 근접 중심성 2, 중개 중심성 지표를 구해본 결과는 다음과 같다.

행 노드	연결선 수	근접-1	근접-2	중개
1	1	0.30	0.40	0
2	2	0.47	0.57	30
3	1	0.30	0.40	0
4	1	0.35	0.43	0
5	2	0.42	0.54	24
6	1	0.26	0.36	0

열 노드	연결선 수	근접-1	근접-2	중개
A	3	0.40	0.58	26
B	3	0.50	0.62	38
C	2	0.33	0.48	14

행 노드 중에서는 학생 2와 학생 5가 핵심적 위치에 있고 열 노드 중에서는 모임 B가 중앙에 있음을 지표로써도 확인할 수 있다.

그림 1을 보면 학생 1과 학생 2는 모임 A를 통해 연결되지만 학생 1과 학생 5는 같이 참여하는 모임이 없으므로 직접 연결되지는 않는다. 그러나 학생 2와 학생 5가 모임 B에서 만나므로 학생 1과 학생 5가 학생 2를 통해 간접 연결될 수 있다. 이와 같이 2부 연결 자료로부터 행 노드 간 네트워크가 형성되며 다음 $n \times n$ 행렬로 표현될 수 있다.

$$\mathbf{A}\,\mathbf{A}^t\,(=\mathbf{R}).$$

이 행렬에서 대각선 요소는 행 노드별로 연결된 열 노드의 수를 의미할 뿐이므로 무시한다 (0으로 치환).

마찬가지로 2부 연결 자료로부터 열 노드 간 네트워크가 형성되며 다음 $m \times m$ 행렬로 표현된다.

$$\mathbf{A}^t\mathbf{A}\,(=\mathbf{C}).$$

이 행렬에서도 대각선 요소는 무시한다 (0으로 치환). 열 노드별로 연결된 행 노드의 수를 의미할 뿐이다.

행 네트워크와 열 네트워크의 활용에 대하여는 다음 절에서 다룬다.

다음은 이 절 사례로 사용된 R 스크립트이다. gplot 함수에서 circle 방식을 사용하였다.

```
# bipartite network analysis, student-seminar data
A <- matrix(c(1,0,0,
              1,1,0,
              1,0,0,
              0,1,0,
              0,1,1,
              0,0,1),byrow=T,ncol=3)
n <- nrow(A)
m <- ncol(A)
rownames(A) <- 1:n
colnames(A) <- c("A","B","C")
B <- rbind(cbind(matrix(0,n,n),A),cbind(t(A),matrix(0,m,m)))
library(sna)
vertex.col <- c(rep("red",n),rep("blue",m))
vertex.cex <- c(rep(1,n),rep(2,m))
gplot(B, mode="circle", displaylabels=T, boxed.labels=F,
      vertex.col=vertex.col, vertex.cex=vertex.cex,
      label.col=vertex.col, label.cex=1.2, usearrows=F)
R.degree <- degree(B,cmode="indegree")[1:n]
R.closeness1 <- closeness(B)[1:n]
R.closeness2 <- closeness(B,cmode="suminvundir")[1:n]
R.betweenness <- betweenness(B)[1:n]
R.degree
round(R.closeness1,2)
round(R.closeness2,2)
round(R.betweenness,0)
C.degree <- degree(B,cmode="indegree")[(n+1):(n+m)]
C.closeness1 <- closeness(B)[(n+1):(n+m)]
C.closeness2 <- closeness(B,cmode="suminvundir")[(n+1):(n+m)]
C.betweenness <- betweenness(B)[(n+1):(n+m)]
C.degree
round(C.closeness1,2)
round(C.closeness2,2)
round(C.betweenness,0)
```

```
# row and column networks
R <- A%*%t(A)
diag(R) <- 0
R
C <- t(A)%*%A
diag(C) <- 0
C
# end
```

2. 행 네트워크와 열 네트워크의 활용

'CEO-클럽(clubs)' 자료는 26명의 CEO들과 15개 클럽 간 연관(affiliation) 네트워크에서 나왔다 (Wasserman and Faust, 1994). 이 자료는 R의 SNAData 팩키지에 포함되어 있다.[1]

그림 2에서 네트워크 그래프를 보라. 여기서도 행 노드(CEO)는 빨간 색으로, 열 노드(club)는 파란 색으로 표현되어 있다. gplot 함수에서 kamadakawai 방식을 사용하였다. 대체로 클럽 B, C, O 등이 중앙에 위치하는 것을 볼 수 있다.

행 네트워크 **R**은 $\mathbf{A}\,\mathbf{A}^t$로 얻어지며 대각선 요소는 0으로 치환된다. 이 때 칸 (i,j) 요소는 행 노드 i와 행 노드 j가 동시에 가입된 클럽의 수이므로 $0,1,2,\cdots$ 등의 값을 취할 수 있다. 따라서 네트워크 **R**을 가중 네트워크로 간주할 필요가 있다 (4장 참조).

다음은 '가중' CEO 네트워크로부터 산출된 근접-2 지표이다. 26명 CEO 가운데 14, 15, 17, 20 등이 중앙에 위치함을 알 수 있다.

```
1.57  1.20  1.17  1.77  1.26  1.49  1.67  1.12  1.21  1.17
1.59  1.00  1.63  2.47  2.07  1.69  2.11  1.66  1.78  2.19
1.48  1.39  1.92  1.90  1.62  1.62
```

열 네트워크 $\mathbf{C}\,(=\mathbf{A}^t\mathbf{A})$도 가중 네트워크로 볼 수 있다. 다음은 '가중' 클럽 네트워크에서 산출된 근접-2 지표이다. 클럽 B(2번째), C(3번째), D(4번째), O(15번째) 등이 중앙에 위치함을 알 수 있다.

[1] SNAData 팩키지는 CRAN 사이트에는 등록되지 않았으나 인터넷에서 쉽게 찾을 수 있다. http://www.bioconductor.org/packages/release/data/experiment/

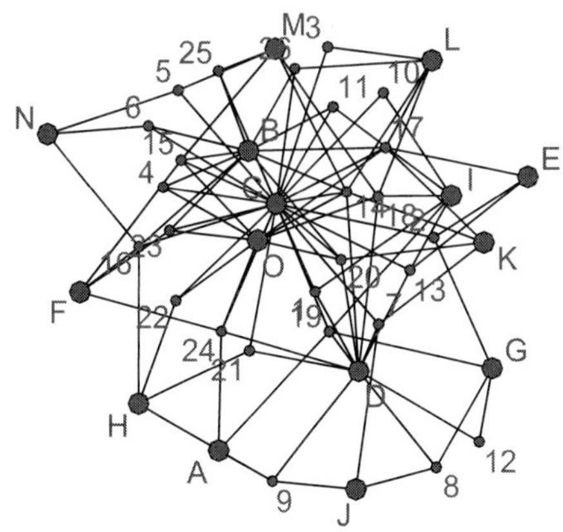

그림 2: CEO-클럽 네트워크

```
1.64  3.54  4.54  3.37  1.80  2.16  1.64  1.80  2.51  1.64
2.20  2.16  2.16  1.80  3.20
```

행 네트워크와 열 네트워크를 비가중 네트워크로 분석해볼 수도 있다.[2] 가중 네트워크를 비가중화하기 위해서는 **R**과 **C**의 요소 중 1 이상인 것은 모두 1로 바꾸면 된다. 다음은 비가중화 변환된 행 네트워크에서의 중개 중심성 지표이다. CEO 1, 7, 13, 14, 19, 20, 21, 24 등이 큰 역할을 하는 것으로 보인다.

```
7.69  5.21  0.30  0.30  0.30  0.00  7.69  0.26  0.86  0.30
0.30  0.26  7.69  7.69  0.30  2.18  0.30  6.18  7.69  7.69
7.69  2.49  0.30  7.69  0.30  0.30
```

다음은 비가중화 변환된 열 네트워크에서의 중개 중심성 지표이다. 클럽 B(2번째), C(3번째), D(4번째), O(15번째) 등의 역할이 크게 나타났다.

```
3.70  8.14 21.40 13.94  2.19  2.53  1.40  4.20  3.99  1.90
3.02  0.57  4.22  0.33  6.47
```

2 비가중 네트워크의 잇점은 계산이 간단하다는 것이다. 현재 시점에서 R sna 패키지는 중개 중심성(betweenness centrality) 계산에서 실패하는 경우가 더러 있다.

다음은 이 절 사례로 사용된 R 스크립트 중 처음 부분과 마지막 부분이다. 중간 부분은 1절의 스크립트와 같다.

```
# bipartite network analysis, CEO-clubs data
library(SNAData)
data(CEOclubsAM)
A <- as.matrix(CEOclubsAM)
n <- nrow(A)
m <- ncol(A)
rownames(A) <- 1:n
colnames(A) <- c("A","B","C","D","E","F","G","H","I", ... "N","O")
B <- rbind(cbind(matrix(0,n,n),A),cbind(t(A),matrix(0,m,m)))
library(sna)
vertex.col <- c(rep("red",n),rep("blue",m))
vertex.cex <- c(rep(1,n),rep(2,m))
gplot(B, mode="kamadakawai", displaylabels=T, boxed.labels=F,
      vertex.col=vertex.col, vertex.cex=vertex.cex,
      label.col=vertex.col, label.cex=1.2, usearrows=F)
```

중간생략

```
# row and column networks
R <- A%*%t(A)
diag(R) <- 0
C <- t(A)%*%A
diag(C) <- 0
round(closeness(1/R,cmode="suminvundir",ignore.eval=F),2)
round(closeness(1/C,cmode="suminvundir",ignore.eval=F),2)
# row and column networks, dichotomized
R[which(R >= 1)] <- 1
C[which(C >= 1)] <- 1
round(betweenness(R),2)
round(betweenness(C),2)
# end
```

참고문헌

- Suzuki, T. (2009). *Network Analysis* (Learning Data Science by R, Series Number 8). Kyorisu Publishing Company, Tokyo. [Written in Japanese] 4장 참조.

- Wasserman, S. and Faust, K. (1994). *Social Network Analysis: Methods and Applications.* Cambridge University Press. 8장.

연습문제

1. 2절의 CEO-클럽 자료에서 26명 CEO와의 '평균' 거리가 최소인 클럽을 찾아라.

2. 같은 자료에서 자신 외 25명 CEO와의 '평균' 거리가 최소인 CEO를 찾아라.

6장. R의 sna 팩키지 SNA PACKAGE OF R

1장부터 5장까지 Carter T. Butts 교수가 사회네트워크분석을 위해 개발한 sna 팩키지의 여러 함수를 쓴 바 있다. 그것들 외에도 R의 sna 팩키지에는 두루 쓸모 있는 함수들이 다수 있다 (Butts, 2008). 이 장에서는 몇 개의 sna 함수들을 추가적으로 설명하고자 한다. 이제까지와 다소 중복되는 감이 있을 것이다. 그렇다고 sna 팩키지를 빠짐없이 다루지는 않는다.

1. 네트워크의 표현

R의 sna 팩키지에서 n개 노드의 네트워크는 기본적으로 $n \times n$ 인접행렬로 표현된다. 1장 2절의 첫 예가 이를 잘 보여준다. 그러나 이보다는 연결선 리스트(linkage list, edge list)로서 네트워크를 선언하는 것이 더 세련된 방식이다. 다음 R 스크립트에서는 이 방식으로 4장 2절의 거의 선형인 가중 네트워크 $\mathbf{L}_w$가 입력되고 있다 (노드 수 $n = 9$, `attr()`로 네트워크 속성이 부여됨).

```
# Edge list input of weighted social network, L.w
L.w.edgelist <- matrix(c( 1,4,1.0,
                          2,4,0.5,
                          3,4,0.5,
                          4,1,1.0,
                          4,2,0.5,
                          4,3,0.5,
                          4,5,1.0,
                          5,4,1.0,
                          5,6,1.0,
                          6,5,1.0,
                          6,7,0.5,
                          7,6,0.5,
                          7,8,0.25,
                          8,7,0.25,
                          8,9,0.25,
                          9,8,0.25), ncol=3,byrow=T)
```

```
attr(L.w.edgelist,"n") <- 9
library(sna)
gplot(L.w.edgelist,displaylabels=T,vertex.cex=2,label.cex=1.5,
      label.pos=3,boxed.labels=F, arrowhead.cex=1, mode="kamadakawai")
```

연결선 리스트 행렬의 3번째 열(column)은 연결선에 붙는 가중치를 뜻한다. 비가중 네트워크의 경우엔 연결선 리스트 행렬의 3번째 열을 모두 1로 채우면 된다.

일반적으로 행렬을 전치(轉置, transpose)하려면 R base 함수인 t()를 사용한다. 한 예로서 2장의 1절에서 closeness(t(knoke.infor))를 쓴 바 있는데, 이것은 knoke.infor의 전치행렬에 closeness()를 적용한다는 뜻이다. R sna 함수인 gt()도 t()와 마찬가지로 행렬을 전치시킨다. 차이가 있다면 gt()는 연결선 리스트로 표현된 네트워크에도 적용이 가능하다는 점이다.

1장 3절에서 방향 네트워크 **A**로부터 무방향 네트워크 **B**를 만든 적이 있는데 그 때 적용된 규칙은 '*or*'였다. 즉

$$b_{ij} = 1 \quad \text{if and only if} \quad a_{ij} = 1 \;\; or \;\; a_{ji} = 1.$$

수학적으로는 **A**와 **B**가

$$\mathbf{B} = \mathbf{A} + \mathbf{A}^t - \mathbf{A} \circ \mathbf{A}^t$$

의 관계에 있으므로 이를 활용하여 **A**로부터 **B**를 만들 수 있다 (여기서 '$\circ$'는 행렬간 하다마드 곱(Hadamard product), 3장 1절 참조).

그러나 sna의 symmetrize 함수를 쓰면 방향 네트워크 **A**로부터 무방향 네트워크 **B**를 간단하게 얻을 수 있다:

```
library(sna)
A <- matrix(c(0,1,1,0,1,
              0,0,1,0,0,
              1,0,0,1,0,
              0,0,0,0,0,
              1,0,0,0,0),byrow=T,nrow=5)
rownames(A) <- c("M1","M2","M3","M4","M5")
colnames(A) <- c("M1","M2","M3","M4","M5")
B <- symmetrize(A,rule="weak")
rownames(B) <- c("M1","M2","M3","M4","M5")
colnames(B) <- c("M1","M2","M3","M4","M5")
```

이에 대한 출력은 다음과 같다.

```
> A
   M1 M2 M3 M4 M5
M1  0  1  1  0  1
M2  0  0  1  0  0
M3  1  0  0  1  0
M4  0  0  0  0  0
M5  1  0  0  0  0
> B
   M1 M2 M3 M4 M5
M1  0  1  1  0  1
M2  1  0  1  0  0
M3  1  1  0  1  0
M4  0  0  1  0  0
M5  1  0  0  0  0
```

symmetrize 함수는 *'or'* 규칙뿐 아니라 *'and'* 규칙으로 방향 네트워크를 무방향으로 바꾸는 데도 사용이 가능하다. 즉,

```
> C <- symmetrize(A,rule="strong")
> rownames(C) <- c("M1","M2","M3","M4","M5")
> colnames(C) <- c("M1","M2","M3","M4","M5")
> C
   M1 M2 M3 M4 M5
M1  0  0  1  0  1
M2  0  0  0  0  0
M3  1  0  0  0  0
M4  0  0  0  0  0
M5  1  0  0  0  0
```

무방향 네트워크에서는 上삼각(upper triangular) 부분이 입력되면 下삼각(lower triangular) 부분은 대칭적으로 채워진다. 이런 목적에 symmetrize 함수가 다음과 같이 쓰인다.

```
> E <- matrix(c(1,2,1,
+               1,3,1,
+               1,5,1,
+               2,3,1,
+               3,4,1),byrow=T,nrow=5,ncol=3)
```

```
> attr(E,"n") <- 5
> F <- symmetrize(E,rule="upper")
> rownames(F) <- c("M1","M2","M3","M4","M5")
> colnames(F) <- c("M1","M2","M3","M4","M5")
> F
   M1 M2 M3 M4 M5
M1  0  1  1  0  1
M2  1  0  1  0  0
M3  1  1  0  1  0
M4  0  0  1  0  0
M5  1  0  0  0  0
```

下삼각(lower triangular) 부분이 E로 입력되면 `symmetrize(E,rule="lower")`로 써 무방향 네트워크가 만들어진다.

2. r-근처(neighbor)

사회네트워크분석에서 연결선 수(degree)는 매우 간단하게 노드의 특성을 잘 말해준다. 그러나 동시에 연결선 수는 중심성(centrality)의 측도로서는 너무 단순하다는 평이 따른다. 네트워크의 특성상 '중요한' 노드에 연결되어 있는 노드는 중요한 법인데 단순히 연결선 수가 작다고 해서 과소평가되는 경우가 있기 때문이다. 예를 들어보자.

2장의 연습문제에 실린 Knoke의 자금(money) 네트워크에서 10개 기관 COUN, COMM, EDUC, INDU, MAYR, WRO, NEWS, UWAY, WELF, WEST의 入線數(indegree)를 구하면 각각 $0, 3, 5, 0, 1, 0, 1, 6, 4, 2$이다. 이것으로 보면 WEST가 자금을 받는 연결선 수는 2에 불과하다. 반면 UWAY는 자금을 받는 연결선 수가 6으로 가장 큰 기관이다. 그런데 WEST는 UWAY로부터 자금을 받으므로 UWAY로부터 많은 수의 통로를 중개 받는 셈이다.

r-근처(neighbor)는 최단거리가 r 이내인 노드의 수로 정의된다. 따라서 r을 1로 두는 경우 r-근처는 연결선 수(degree)와 일치한다. 그러나 r을 1로 국한하지 않고 $2, 3, \cdots$ 등으로 둠으로써 각 노드 반경 r의 울타리 안에 자신 외 노드들이 몇 개가 있는지가 파악된다. 그런 식으로 r-근처(neighbor)는 노드별 부근의 밀도 개념이 된다. 따라서 r-근처는 사회네트워크분석에서 직관적인 중심성 측도로 유용하게 사용될 수 있다.

r-근처(neighbor)도 연결선 수와 마찬가지로 노드별로 나가는 방향의 r-근처 $neighbor.out$과 들어오는 방향의 r-근처 $neighbor.in$으로 나뉘어 정의된다:

$$neighbor.out(i) = \sum_{j=1}^{n} I\left(d\left(i,j\right) \leq r\right), \quad i = 1, \cdots, n.$$

$$neighbor.in(j) \;= \sum_{i=1}^{n} I\left(d\left(i,j\right) \leq r\right), \quad j = 1, \cdots, n.$$

여기서 $d\left(i,j\right)$는 노드 i와 j 사이 최단거리(geodesic distance)이고 $I(expression)$은 $expression$이 True인 경우 1을 취하고 False인 경우 0을 취하는 지표함수이다.

Knoke의 자금(money) 네트워크 분석에 대해 r-근처(neighbor)를 구해보기로 하자. 다음 R 스크립트를 보라. 입력 네트워크로부터 최단거리 행렬 **D**를 산출하였고 이로부터 나가는 방향의 r-근처 $neighbor.out(i)$와 들어오는 방향의 r-근처 $neighbor.in(j)$를 산출하고 있다 $(r = 1, 2, 3)$.

```
# Knoke's money network: degree and neighbors
library(sna)
knoke.money <- as.matrix(read.table("knoke-money.txt",header=T))
rownames(knoke.money) <- colnames(knoke.money)
knoke.money
D <- geodist(knoke.money)$gdist
degree(knoke.money,cmode="outdegree")
out.1 <- apply(D <=1,1,sum)-1
out.2 <- apply(D <=2,1,sum)-1
out.3 <- apply(D <=3,1,sum)-1
neighbor.out <- cbind(out.1,out.2,out.3)
rownames(neighbor.out) <- colnames(knoke.money)
neighbor.out
degree(knoke.money,cmode="indegree")
in.1 <- apply(D <=1,2,sum)-1
in.2 <- apply(D <=2,2,sum)-1
in.3 <- apply(D <=3,2,sum)-1
neighbor.in <- cbind(in.1,in.2,in.3)
rownames(neighbor.in) <- colnames(knoke.money)
neighbor.in
# end
```

이에 대한 출력으로 나가는 방향의 r-근처 $neighbor.out(i)$는 다음과 같이 나타난다 ($r = 1, 2, 3$).

```
     out.1 out.2 out.3
COUN     5     6     6
COMM     1     2     4
EDUC     1     3     3
INDU     5     6     6
MAYR     4     5     5
WRO      0     0     0
NEWS     2     5     5
UWAY     2     3     3
WELF     2     3     3
WEST     0     0     0
```

근처크기 r이 1에서 2로 바뀌면서 NEWS가 가장 큰 변화를 보였다 (2에서 5로 3이 증가함).

한편, 들어오는 방향의 r-근처 $neighbor.in(j)$는 다음과 같다 ($r = 1, 2, 3$).

```
      in.1  in.2  in.3
COUN     0     0     0
COMM     3     4     4
EDUC     5     7     7
INDU     0     0     0
MAYR     1     1     1
WRO      0     0     0
NEWS     1     1     1
UWAY     6     7     7
WELF     4     6     7
WEST     2     7     8
```

근처크기 r이 1에서 2로 바뀌면서 WEST가 가장 큰 변화를 보였다 (2에서 7로 5가 증가함). $r = 3$에서는 WEST의 중심성이 가장 크다. WEST는 직접, 1개, 또는 2개 기관을 거쳐 총 8개 기관으로부터 자금 지원을 받는 셈이다.

R sna의 neighborhood 함수를 사용하면 앞의 스크립트와 같은 결과를 얻을 수 있다 (연습문제 1).

3. 그밖의 팁

R base에서 apply 함수가 유용한 팁(tip)이듯이 R sna에서 그런 역할을 gapply 함수가 한다. n명의 구성원 간 네트워크 *network*에서 구성원 별로 각기 연결된 구성원들의 평균적 특성을 볼 필요가 있다고 하자. 그런 경우 gapply 함수를 다음과 같이 쓴다.

行 방향(out direction):	gapply(*network*,1,x,mean)
列 방향(in direction):	gapply(*network*,2,x,mean)
行·列 방향(both directions):	gapply(*network*,c(1,2),x,mean)

여기서 x는 노드 특성이다 (즉, 길이 n의 벡터).

예를 들어 1절의 네트워크 $\mathbf{A}$에서 5명 구성원의 월 소득 income이 100, 200, 300, 400, 500(만원)이라고 하자. 행으로, 열로, 행과 열로 각 구성원에 연결된 타 구성원의 평균 소득을 다음과 같이 구할 수 있다.

```
> A <- matrix(c(0,1,1,0,1,
+               0,0,1,0,0,
+               1,0,0,1,0,
+               0,0,0,0,0,
+               1,0,0,0,0),byrow=T,nrow=5)
> income <- c(100,200,300,400,500)
> round(gapply(A,1,income,mean))
[1] 333 300 250 NaN 100
> round(gapply(A,2,income,mean))
[1] 400 100 150 300 100
> round(gapply(A,c(1,2),income,mean))
[1] 333 200 233 300 100
```

일반적으로 노드 간 관계는 다원적으로 정의된다. 예컨대 n명의 구성원(기관) 간 정보 교류에서 한 개의 네트워크가, 자금 흐름에서 또 한 개가 생성될 수 있다. 이렇듯 일군의 노드들이 다원적으로 연결된 네트워크를 다중 네트워크(multiple network)라고 한다.

다중 네트워크에서 분석자의 우선적 관심은 네트워크 간 상관성이 있는가를 보는 데 있을 것이다. n개 노드 군에서 형성된 네트워크 $\mathbf{A}\,(=a_{ij})$와 $\mathbf{B}\,(=b_{ij})$ 간 상관계수는 다음과 같이 정의된다.

$$r(\mathbf{A},\mathbf{B}) = \frac{cov\,(\mathbf{A},\mathbf{B})}{\sqrt{cov\,(\mathbf{A},\mathbf{A})\,cov\,(\mathbf{B},\mathbf{B})}},$$

여기서

$$cov\,(\mathbf{A},\mathbf{B}) = \frac{1}{n(n-1)}\sum_{i,j:\,i\neq j}(a_{ij}-\bar{a}_{..})\,(b_{ij}-\bar{b}_{..}),$$

$$\bar{a}_{..} = \frac{1}{n(n-1)}\sum_{i,j:\,i\neq j} a_{ij},\ \ \bar{b}_{..} = \frac{1}{n(n-1)}\sum_{i,j:\,i\neq j} b_{ij}$$

이다. 예컨대 2장에 소개된 Knoke의 네트워크에서 정보 네트워크 knoke.infor와 자금 네트워크 knoke.money 간 상관성을 보고자 한다면 R sna 함수 gcor를 다음과 같이 쓰면 된다.

```
> round(gcor(knoke.infor,knoke.money),3)
[1] -0.051
```

gvectorize()는 $n \times n$ 행렬로 표현된 네트워크를 $n^2 \times 1$ 벡터로 바꾸는 함수이다. 다중 네트워크의 탐색적 자료분석에 유용하다. 예컨대 10×10 네트워크 knoke.infor와 knoke.money에 대한 벡터화 결과는 다음과 같다.

```
> cbind(gvectorize(knoke.infor),gvectorize(knoke.money))
       [,1] [,2]
  [1,]   NA   NA
  [2,]    1    0
  [3,]    0    0
  [4,]    1    0
  [5,]    1    0
  [6,]    0    0
  [7,]    0    0
  [8,]    1    0
  [9,]    0    0
 [10,]    1    0
 .
 .
 .
 [91,]    0    1
 [92,]    0    0
```

```
 [93,]    1   0
 [94,]    0   0
 [95,]    1   0
 [96,]    0   0
 [97,]    0   0
 [98,]    0   1
 [99,]    0   0
[100,]   NA  NA
```

벡터화는 행렬의 열 순서로 된다 (by column). 따라서 gvectorize(knoke.infor)와 gvectorize(knoke.money)의 첫 10개 요소는 knoke.infor와 knoke.money의 첫 열에서 나오고 gvectorize(knoke.infor)와 gvectorize(knoke.money)의 마지막 10개 요소는 knoke.infor와 knoke.money의 마지막 열에서 나온다.

다중 네트워크 행렬의 벡터화를 두 네트워크 간 연관성을 보기 위한 교차표 작성에 활용할 수 있다.

```
> table(gvectorize(knoke.infor),gvectorize(knoke.money))
       0  1
  0   30 11
  1   38 11
```

행은 knoke.infor의 연결선을, 열은 knoke.money의 연결선을 지칭한다.

4. 네트워크의 그래프

R sna에서도 네트워크를 깔끔하게 시각화하기 위해서는 많은 시행착오가 필요하다. 1장 2절에 처음 제시된 gplot으로 돌아가 보자. 만약 5×5 행렬 $\mathbf{A}$ (네트워크 1)에 대하여 다음 R sna 스크립트가 사용되었다면 어떤 그래프가 나왔었을까?

```
library(sna)
A <- matrix(c(0,1,1,0,1,
              0,0,1,0,0,
              1,0,0,1,0,
              0,0,0,0,0,
              1,0,0,0,0),byrow=T,nrow=5)
gplot(A,displaylabels=T)
```

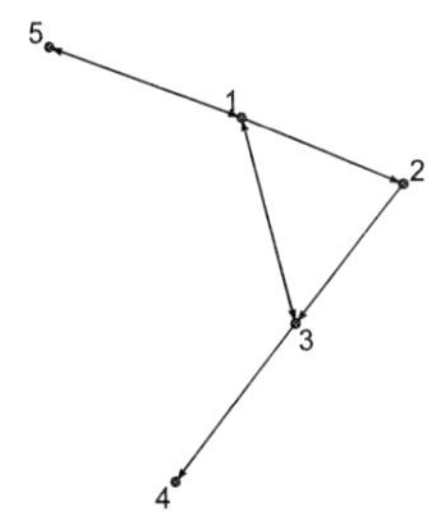

그림 1: 네트워크 1의 단순한 그래프

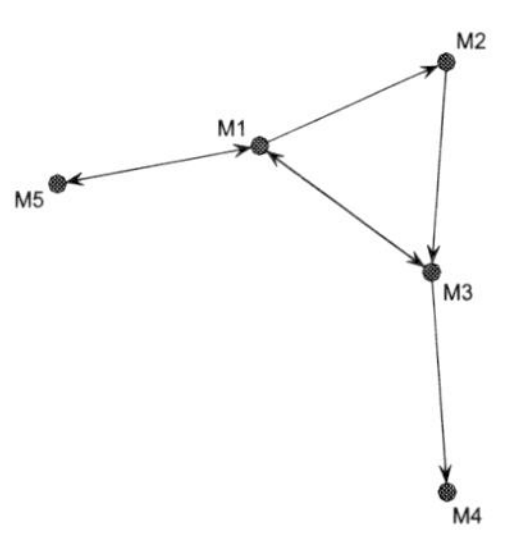

그림 2: 네트워크 1의 개선된 그래프

그림 1과 같이 매우 썰렁한 모습이었을 것이다. 노드 레이블이 단순한 일련번호로 되어 있고 연결선의 화살표가 너무 작아 방향을 인지해내기 어렵다. 이것을 그림 2와 비교해보라 (1장의 그림 1). 노드 레이블에 구성원 식별명이 있고 연결선의 화살표 방향을 쉽게 볼 수 있다. 이를 위해 다음 R sna 스크립트가 쓰인 바 있다 (앞의 스크립트에 추가되어).

```
rownames(A) <- c("M1","M2","M3","M4","M5")
colnames(A) <- c("M1","M2","M3","M4","M5")
gplot(A,displaylabels=T,boxed.labels=F,vertex.cex=2,arrowhead.cex=2)
```

그림 2에서 노드들의 크기는 모두 동일한데, 노드 수가 많은 네트워크의 경우에는 노드 크기를 중요도에 따라 다르게 표현한 그래프를 고려할 수 있다. 다음 R sna

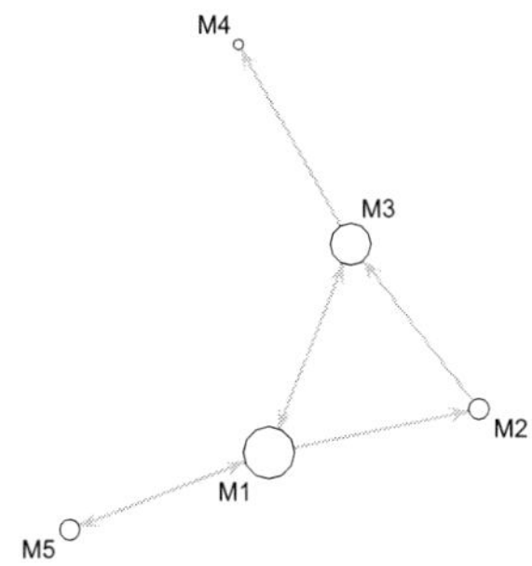

그림 3: 노드 크기가 반영된 네트워크 1의 그래프

스크립트는 연결선 수(degree)를 노드 크기로 활용하고 있다. 아울러 노드 다각형 변의 수, 노드 색(色)과 연결선의 굵기를 조정하였다. 그림 3이 그 결과이다.

```
v.size <- degree(A)
gplot(A,displaylabels=T,boxed.labels=F,vertex.cex=v.size,
      vertex.sides=12,vertex.col="white",edge.lwd=4,edge.col="grey",
      arrowhead.cex=2)
```

R sna의 gplot 함수에는 설정할 파라미터가 너무 많아 분석자로서는 오히려 어찌할지 몰라 곤혹스럽기까지 하다. 다음은 Suzuki에 의한 파라미터 분류이다 (Suzuki, 2009). 여기에는 중요한 것만 추려 제시하므로 더 세부적인 사항은 help(gplot)을 통해 얻기 바란다.

1) 배치(layout) 관련

   gmode: 네트워크의 종류. 방향 "digraph", 무방향 "graph", "twomode" 등.

   mode: 노드 배치 알고리즘. 역할적 모델에 기초한 "fruchtermanreingold", "kamadakawai", "spring", 고유벡터에 기초한 "eigen", "hall", "princoord", 그 외 다차원척도법 "mds", 임의화 "random", 원 "circle" 등.

   displayisolates: 고립 노드를 그릴 것인가(TRUE), 아닌가(FALSE).

2) 연결선(edge) 관련

   userarrows: 화살표로 나타낼 것인가(TRUE), 선분으로 나타낼 것인가(FALSE).

edge.lwd: 선의 폭(line width)을 지정한다.

edge.lty: 선의 유형(type)을 지정한다. solid, dashed, dotted 등.

edge.col: 선의 색(color)을 지정한다.

arrowhead.cex: 화살머리의 확대 배수.

thresh: 선을 이 값 이상인 경우만 표현한다. 디폴트는 0.

usecureve: 연결선을 곡선으로 나타냄.

diag: 인접행렬의 대각성분이 있는 경우 TRUE로 놓으면 루프로 표현됨.

3) 노드(vertex) 관련

vertex.cex: 노드 크기의 확대 배수.

vertex.col: 노드의 색(color)을 지정한다.

vertex.sides: 노드 다각형에서 변의 수. 12 이상으로 놓으면 거의 원형이 된다.

vertex.border: 노드 다각형의 테두리 색(color)을 지정한다.

displaylabels: 노드 레이블을 표시하고자 하는 경우 TRUE로 놓는다.

label: 노드 레이블의 지정. 디폴트는 일련번호.

boxed.labels: 노드 레이블을 사각형으로 테두리하고 싶지 않은 경우 FALSE로 놓는다.

label.pos: 노드 레이블의 위치. 0은 중심에서 바깥쪽, 1은 아래, 2는 왼쪽, 3은 위쪽, 4는 오른쪽, 5는 중심.

그밖에 label.col, label.cex, label.lwd, label.lty 등.

R sna는 2차원 그래프를 보여주는 외에 gplot3d 함수로써 네트워크의 3차원 동적 그래프(dynamic graph)를 제공한다. 이 함수를 실행시키기 위해서는 사용자의 R 시스템에 rgl 팩키지가 설치되어야 한다.

다음 R 스크립트는 Knoke의 자금(money) 네트워크에 대한 3차원 동적 그래프를 만들어낸다.

```
# gplot3d of Knoke money network
library(sna)
library(rgl)
knoke.money <- as.matrix(read.table("knoke-money.txt",header=T))
label <- colnames(knoke.money)
```

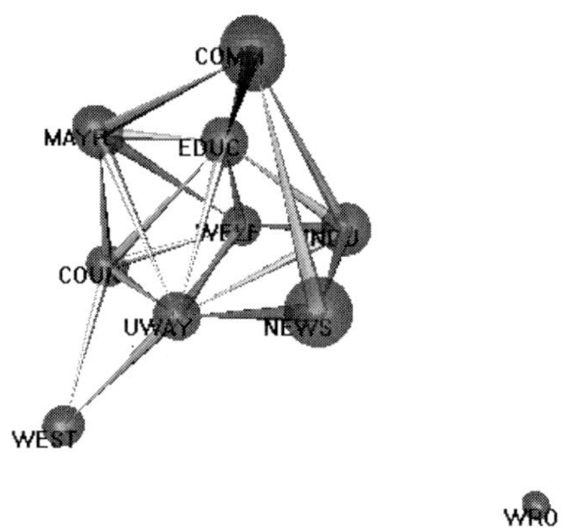

그림 4: Knoke의 자금 네트워크에 대한 3차원 그래프

```
gplot3d(knoke.money,label=label,vertex.col="red",vertex.alpha=0.5,
   edge.col="grey",edge.lwd=0.2,label.col="black")
# end
```

여기서 gplot3d 함수 지정에 쓰인 파라미터들 가운데 vertex.alpha는 노드의 투과도를 나타낸다. 필요하다면 edge.alpha를 써서 연결선의 투과도를 지정할 수 있다.

그림 4가 그 결과이다. 동적 그래프이므로 분석자가 마우스로 그래프를 실시간 제어할 수 있지만 아직은 노드와 연결선, 레이블 표현에서의 세련도가 2차원 그래프에 비해 떨어지는 편이다.

참고문헌

- Butts, C.T. (2008). Social network analysis with sna, *Journal of Statistical Software*, **24**(6).

- Suzuki, T. (2009). *Network Analysis* (Learning Data Science by R, Series Number 8). Kyorisu Publishing Company, Tokyo. [Written in Japanese] 11장 참조.

연습문제

1. Knoke의 2개 네트워크 각각에 `R sna`의 `geodist` 함수 대신 `neighborhood` 함수를 사용하여 나가는 방향의 r-근처와 들어오는 방향의 r-근처를 구하여라.

2. Knoke의 2개 네트워크 각각에서 노드 가치 `node.value`를 입선 수(indegree)로 정의하기로 한다. 노드별로 入線으로 연결된 노드들의 가치 합을 구하고 그것과 노드 가치 `node.value` 간 상관을 구하여라.

7장. 네트워크 회귀 NETWORK REGRESSION

사회 네트워크는 노드 간 연결선의 유무(有無, Presence/Absence)로 관측된다. 이 장에서는 그것이 종속변수인 회귀모형을 소개하고자 한다. `sna` 팩키지가 제공하는 `netlogit` 함수와 `ergm` 팩키지가 제공하는 `ergm` 함수를 사용할 것이다.

1. 네트워크 로지스틱 회귀

사회 네트워크는 다수의 관점에서 획득된다. 그것은 조언을 주는 관계일 수 있고 친구 관계일 수도 있고 직무 관계일 수도 있다. 그러므로 한 네트워크에 대한 회귀모형화에서 자연스러운 접근은 그 변수를 설명할 수 있는 다른 변수들을 확보하여 활용하는 것이다.

'종속(dependent)' 인접행렬 $\mathbf{Y}\,(=(y_{ij}))$에 대한 회귀모형으로 다음을 고려한다.

$$\log_e \frac{P\,[\,y_{ij}=1\,]}{P\,[\,y_{ij}=0\,]} = \beta_0 + \beta_1 x_{ij}^{[1]} + \cdots + \beta_p x_{ij}^{[p]}, \quad i,j=1,\cdots,n;\, i \neq j, \tag{1}$$

여기서 $\mathbf{X}^{[1]}\,(=(x_{ij}^{[1]})),\ \cdots,\ \mathbf{X}^{[p]}\,(=(x_{ij}^{[p]}))$는 '설명(explanatory)' 인접행렬이다. 식 (1)의 모형은 일종의 로지스틱 회귀(logistic regression)로서 y_{ij}가 0과 1의 값만 취하는 경우에 적용될 수 있다.

하나의 예로서 `Zelig` 라이브러리에 실린 `friendship` 자료의 경우를 보자. 이 사례에서는 15명의 그룹에서 구성원 간 친구관계(`friends`), 조언관계(`advice`), 명성관계(`prestige`), 직위관계(`authority`) 등이 관측되었다 (실제 자료는 아니다). 이하 분석에서는 조언관계에 초점을 맞출 것이다.

두 구성원 i와 j의 조언관계(`advice`) y_{ij}에 대한 네트워크 로지스틱 회귀 모형에서 친구관계(`friends`) $x_{ij}^{[1]}$를 설명변수로 고려하기로 하자. 즉,

$$\log_e \frac{P\,[\,y_{ij}=1\,]}{P\,[\,y_{ij}=0\,]} = \beta_0 + \beta_1 x_{ij}^{[1]}, \quad i,j=1,\cdots,15;\, i \neq j.$$

이런 모형을 적합하기 위하여 `sna` 팩키지는 `netlogit` 함수를 제공한다. 이 함수는 `netlogit(y,x)`로 작동된다. R 스크립트가 다음과 같이 작성되었다.

```
# Logistic regression of social networks, Zelig friendship network
library(sna)
library(Zelig)
data(friendship); attach(friendship)
netlogit(advice,friends)
```

다음 출력(일부)에서 보듯이 조언관계(advice)에 친구관계(friends)가 긍정적 영향을 주는 것으로 나타났다. 그러나 통계적 유의성은 입증되지 않았다 (p-값 11.7%).

```
Network Logit Model
Coefficients:
             Estimate   Exp(b)   Pr(<=b) Pr(>=b) Pr(>=|b|)
(intercept) -1.8838748 0.152000 0.041   0.959   0.041
x1           0.5716884 1.771255 0.898   0.117   0.240
Residual deviance: 180.5506 on 208 degrees of freedom
AIC: 184.5506
```

친구관계(friends) 외에 조언관계(advice)에 영향을 미치는 요인으로 직위관계(authority)를 추가로 고려해보자. sna netlogit()에서 2개 이상의 설명요인을 넣어야 할 경우엔 그들을 하나의 배열(array)로 묶어야 한다. 이에 따라 p개의 설명 네트워크가 상정되는 경우 설명 배열 X는 dim(p,n,n)의 차원을 취한다. 다음 R 스크립트를 보라.

```
y <- advice
X <- array(0,dim=c(2,15,15))
X[1,,] <- friends
X[2,,] <- authority
netlogit(y,X)
```

다음에서 이에 대한 출력을 보라 (일부).

```
Network Logit Model
Coefficients:
             Estimate   Exp(b)    Pr(<=b) Pr(>=b) Pr(>=|b|)
(intercept) -1.7714823 0.1700807 0.042   0.958   0.042
x1           0.5309441 1.7005370 0.869   0.131   0.271
x2          -1.4586076 0.2325599 0.057   0.943   0.058
```

```
Residual deviance: 177.5918 on 207 degrees of freedom
AIC: 183.5918
```

설명변수로 추가로 고려된 직위관계(authority)는 조언관계(advice)에 부정적 영향을 주는 것으로 나타났다 (p-값 5.7%). 직위적으로 상하인 경우 조언 가능성이 작아짐을 의미한다.

sna netlogit()를 사용하지 않고도 R stats의 일반화선형모형 glm()을 써서 같은 결과를 얻을 수 있다. 다만, 사전에 네트워크 행렬을 벡터로 바꾸어야 한다 (sna gvectorize 함수에 대하여는 6장 3절 참조).

```
# stats glm can be used as follows:
y.1 <- gvectorize(advice)
x.1 <- gvectorize(friends)
x.2 <- gvectorize(authority)
summary(glm(y.1 ~ x.1 + x.2, family=binomial))
# end
```

다음에서 이에 대한 출력을 보라 (일부).

```
Call: glm(formula = y.1 ~ x.1 + x.2, family = binomial)
Coefficients:
            Estimate Std. Error z value Pr(>|z|)
(Intercept)  -1.7715     0.2512  -7.053 1.75e-12 ***
x.1           0.5309     0.3914   1.357    0.175
x.2          -1.4586     1.0427  -1.399    0.162
Residual deviance: 177.59  on 207  degrees of freedom
AIC: 183.59
```

내용상으로 두 출력은 동일하다. 다만, 회귀계수에 대한 통계적 유의성이 약간 다른데 산출 방식에서 작은 차이가 있기 때문이다. 계산 속도는 후자가 훨씬 빠르다.

가중 네트워크(weighted network)에 대한 회귀모형으로는 연결선 가중치가 비음(非陰, nonnegative)이므로 일반화선형모형의 일원인 포아송 회귀(Poisson regression) 또는 감마 회귀(Gamma regression)가 자연스러울 것으로 생각된다. R의 일반화선형모형에 대하여는 Venables and Ripley(2002)를 참고하라.

2. ERG 모형

1절에서 다룬 네트워크 로지스틱 회귀모형에서는 설명 네트워크 $\mathbf{X}^{[1]}, \cdots, \mathbf{X}^{[p]}$에 조건화하여 종속 네트워크 $\mathbf{Y}$의 모든 연결선이 독립이라고 가정된다. 그러나 사회 네트워크에서 노드 연결은 상호 종속성을 보일 것으로 기대된다. 예컨대 추이성(transitivity)과 상호성(reciprocity) 같은 것이 있을 수 있다 (3장 1절 참조). 이에 따라 최근 개발된 네트워크 모형에는 이런 네트워크의 기본 속성이 반영되었다. `ergm` 팩키지에 구현된 ERG (exponential-family random graph) 모형은 다음과 같이 표현된다.

$$\log_e \frac{P\,[\,y_{ij}=1\,]}{P\,[\,y_{ij}=0\,]} = \underline{\theta}^t\,\underline{\delta}\,[\,\mathbf{s}(\mathbf{y},\mathbf{X})]_{ij}, \quad i,j=1,\cdots,n;\ i\neq j. \tag{2}$$

여기서 $\mathbf{s}\,(\,\mathbf{y},\mathbf{X})$는 네트워크 statistic이고 $\underline{\delta}\,[\,\mathbf{s}\,(\,\mathbf{y},\mathbf{X})]_{ij}$는 y_{ij}가 0에서 1로 바뀜에 따라 초래되는 네트워크 statistic $\mathbf{s}$의 증분이다.

3장에 소개된 `faux.magnolia.high(fmh)` 네트워크에 ERG 모형을 적용해보기로 한다 (Goodreau *et al.* (2008) 참조). 그림 1은 1,461명 학생 중 고립된 524명의 학생들을 제외한 나머지 학생들에 대한 네트워크 그래프로 학년(Grade)별로 다른 색이 칠해져 있다.

다음 `R` 스크립트는 네트워크 statistic으로 총 연결선 수(edges)가 고려된 영(null) 모형을 적합해낸다.

```
# erg modeling of fmh network, Goodreau et al. (2008)
library(ergm)
data(faux.magnolia.high)
fmh <- faux.magnolia.high
plot(fmh, displayisolates=FALSE, vertex.col="Grade")
summary(ergm(fmh ~ edges))
```

이에 대한 출력은 다음과 같다 (일부만 제시됨).

```
> summary(ergm(fmh ~ edges))
Maximum Likelihood Results:
      Estimate Std. Error MCMC s.e. p-value
edges -6.99760    0.03205        NA  <1e-04 ***
---
Residual Deviance:   15580  on 1066529  degrees of freedom
AIC: 15582
```

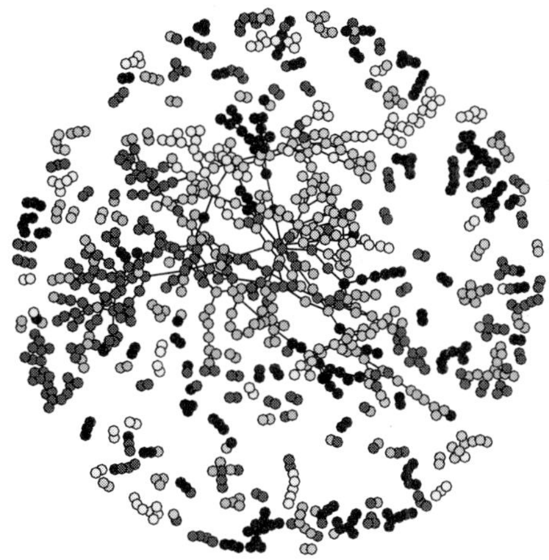

그림 1: faux.magnolia.high(fmh) 네트워크 (학년이 색으로 구분됨)

이 출력은 단순히 $i \neq j$ 인 모든 (i, j) 쌍에 대하여 $P[y_{ij} = 1]$의 logit이 -6.9976임을, 즉 $P[y_{ij} = 1]$가 0.0009132 $(= \frac{\exp(-6.9976)}{1+\exp(-6.9976)})$임을 말하는 것으로 이 값은 fmh 네트워크의 밀도(density)와 일치한다.

다음으로 학년(Grade)이 추가된 ERG 모형을 고려하기로 한다. nodematch(x)는 x가 일치하는 노드 간 연결선에 1의 값을, 그렇지 않은 노드 간 연결선에는 0의 값을 부여한다. 아래의 적합 모형에서 학년이 같은 학생들끼리 연결되는 성향이 높음을 확인할 수 있다.

```
> summary(ergm(fmh ~ edges+nodematch("Grade")))
Maximum Likelihood Results:
                Estimate Std. Error MCMC s.e. p-value
edges           -8.65226    0.08059        NA  <1e-04 ***
nodematch.Grade  3.23775    0.08786        NA  <1e-04 ***
---
Residual Deviance:   13496  on 1066528  degrees of freedom
AIC: 13500
```

다음으로 성(Sex)이 추가된 ERG 모형을 고려하기로 한다. 아래의 적합 모형에서

성 효과는 학년 효과보다 상대적으로 작지만, 동성(同性) 간 연결 가능도가 이성(異性) 간 연결 가능도의 2.42 (= exp(0.88457))배이므로, 실질적으로 상당히 유의함을 볼 수 있다.

```
> summary(ergm(fmh ~ edges+nodematch("Grade")+nodematch("Sex")))
Maximum Likelihood Results:
                Estimate Std. Error MCMC s.e. p-value
edges           -9.19024    0.09483        NA  <1e-04 ***
nodematch.Grade  3.23929    0.08786        NA  <1e-04 ***
nodematch.Sex    0.88457    0.07054        NA  <1e-04 ***
---
Residual Deviance:   13324  on 1066527  degrees of freedom
AIC: 13330
```

마지막으로 ERG 모형에 인종(Race)을 추가하기로 한다. 아래의 적합 모형에서 인종 효과는 학년 효과보다는 상대적으로 작지만 성 효과보다 크게 나타났다. 같은 인종끼리 친구 관계가 될 가능성이 높음을 의미한다.

```
> summary(ergm(fmh ~ edges+nodematch("Grade")+nodematch("Sex")
+         + nodematch("Race")))
Maximum Likelihood Results:
                 Estimate Std. Error MCMC s.e. p-value
edges           -10.01277    0.11526        NA  <1e-04 ***
nodematch.Grade   3.23105    0.08788        NA  <1e-04 ***
nodematch.Sex     0.88438    0.07057        NA  <1e-04 ***
nodematch.Race    1.19646    0.08147        NA  <1e-04 ***
---
Residual Deviance:   13057  on 1066526  degrees of freedom
AIC: 13065
```

ergm 패키지의 ergm 함수는 모형적합 외에도 모의시행(simulation)과 적합도 검토에 관한 기능을 가지고 있지만 이 책의 수준을 넘으므로 다루지 않을 것이다. 이에 대하여는 3편의 *Journal of Statistical Software* 논문을 읽기 바란다 (Goodreau *et al.* (2008), Hunter *et al.* (2008), Morris *et al.* (2008)).

참고문헌

- Goodreau, S.M., Handcock, M.S., Hunter, D.R., Butts, C.T. and Morris, M. (2008). A `statnet` Tutorial, *Journal of Statistical Software*, **24**(9).

- Hunter, D.R., Handcock, M.S., Butts, C.T., Goodreau, S.M., and Morris, M. (2008). `ergm`: A Package to Fit, Simulate and Diagnose Exponential-Family Models for Networks, *Journal of Statistical Software*, **24**(3).

- Morris, M., Handcock, M.S., and Hunter, D.R. (2008). Specification of Exponential-Family Random Graph Models: Terms and Computational Aspects, *Journal of Statistical Software*, **24**(4).

- Venables, W.N. and Ripley, B.D.(2002) *Modern Applied Statistics with S*, The 4th Edition. Springer. [Chapter 7]

연습문제

1. 다음은 모의 생성된 네트워크 y, X에 대한 선형모형 분석을 하는 R 스크립트이다. 적합모형의 회귀계수로 어떤 값들을 예상할 수 있는가? netlm()은 sna 팩키지가 제공하는 네트워크 선형모형이다.

```
library(sna)
X <- rgraph(10,4)
y <- 4*X[1,,]+3*X[2,,]+2*X[3,,]+X[4,,]
netlm(y,X[1,,])
netlm(y,X[1:2,,])
netlm(y,X[1:3,,])
netlm(y,X[1:4,,])
```

2. 2절의 faux.magnolia.high 네트워크의 ERG 모형화에 다음 스크립트를 추가해 실행하고 그 출력을 해석하라. nodematch(x)가 x 값의 일치여부를 단순 파악하지만, nodematch(x,diff=T)는 x 값의 일치여부를 x의 각 수준에서 차별적으로 파악한다.

```
summary(ergm(fmh ~ edges+nodematch("Grade",diff=T)
       +nodematch("Sex")+nodematch("Race")))
summary(ergm(fmh ~ edges+nodematch("Grade",diff=T)
       +nodematch("Sex",diff=T)+nodematch("Race")))
summary(ergm(fmh ~ edges+nodematch("Grade",diff=T)
       +nodematch("Sex",diff=T)+nodematch("Race",diff=T)))
```

8장. THE IGRAPH를 활용한 네트워크분석

`The igraph`는 사회네트워크분석을 위한 또 다른 팩키지 프로그램이다. `R`로 구현되어 있을 뿐만 아니라 C 라이브러리를 제공하고 Python과 Ruby 확장으로도 활용이 가능하다 (http://igraph.sourceforge.net/). 사회네트워크분석 도구로서 전문성(professionalism)이 강점이다. 이 장에서는 `R`의 `igraph` 팩키지를 활용한 사회네트워크분석을 다룬다.

1. 네트워크의 표현

사회네트워크(social network), 즉 그래프(graph) G는 n개의 점(vertex) V와 이들을 잇는 다수의 선(edges) E로 구성된다.[1] 따라서 $G = (V, E)$이다.

이에 따라 그래프(네트워크)를 `R`에 넣기 위하여 점(點) 수와 선(線)의 리스트가 제공되어야 한다. 예를 들어 5명의 구성원 간 연결이 다음 인접행렬(adjacency matrix) $\mathbf{A}$로 표현되었다고 하자 (1장의 네트워크 1).

$$\mathbf{A} = \begin{pmatrix} 0 & 1 & 1 & 0 & 1 \\ 0 & 0 & 1 & 0 & 0 \\ 1 & 0 & 0 & 1 & 0 \\ 0 & 0 & 0 & 0 & 0 \\ 1 & 0 & 0 & 0 & 0 \end{pmatrix},$$

`igraph`는 네트워크 $\mathbf{A}$를 행렬로 보는 것이 아니라 5개의 점과 7개의 선으로 본다. 이와 같이 네트워크를 행렬 대신 점과 선으로 다루는 이유는 이런 방식이 메모리를 적게 요구하기 때문이다. 연결선의 밀도(density)가 작은 경우에 더 그렇다.

`igraph`는 점과 선의 일련번호를 1에서 시작한다.[2] 네트워크 $\mathbf{A}$의 5개(=n)의 점은 $1, 2, 3, 4, 5$로 지칭되고 이들 점은 7개의 선

$$1 \to 2, \quad 1 \to 3, \quad 1 \to 5, \quad 2 \to 3, \quad 3 \to 1, \quad 3 \to 4, \quad 5 \to 1$$

1 이 장에서는 표현의 간결성을 위하여 노드(node) 대신 꼭지점(vertex)을 뜻하는 '점(點)'과 연결선(linkage) 대신 모서리(edge)를 뜻하는 '선(線)'을 기본 용어로 사용하기로 한다.

2 `igraph` 팩키지의 과거 버전에서는 노드의 시작번호가 0이었으나 버전 0.6 이후에서는 이것이 1로 바뀌었다 (2012년 6월). 이에 따라 이 장의 일부 R 스크립트가 수정되었다.

으로 연결된다. 다음 스크립트는 식 (1)의 **A**를 R에 넣는 igraph 방식을 보여준다.

```
# The igraph for social network 1
library(igraph)
A.edges <- c(1,2,
             1,3,
             1,5,
             2,3,
             3,1,
             3,4,
             5,1)
A <- graph(n=5, A.edges)
```

그 결과는 다음과 같다. 네트워크는 방향(D)이 주어졌고 5개의 점과 7개의 선으로 구성되어 있다.

```
> str(A)
IGRAPH D--- 5 7 --
+ edges:
[1] 1->2 1->3 1->5 2->3 3->1 3->4 5->1
```

다음 R 스크립트는 방향 네트워크인 **A**에 점 레이블(vertex label)로 M1, M2, M3, M4, M5를 붙인 그래프를 만들어낸다. 점 레이블이 지정되지 않은 경우 각 점은 일련번호로 표지된다.

```
V(A)$name <- c("M1","M2","M3","M4","M5")
plot(A, layout=layout.kamada.kawai, vertex.label=V(A)$name,
     vertex.shape="none")
```

그림 1은 네트워크 **A**의 igraph 그래프이다. igraph에서도 layout.kamada.kawai 외 layout.fruchterman.reingold, layout.spring, layout.circle 등 다양한 점 배치를 시도해 볼 수 있다.

앞에서는 선 리스트가 벡터로 제공되었으나 벡터를 $l \times 2$ 행렬로 대체하여도 된다 (여기서 l은 연결선의 수). 다음 R 스크립트를 보라. graph.edgelist() 함수가 사용되었다.

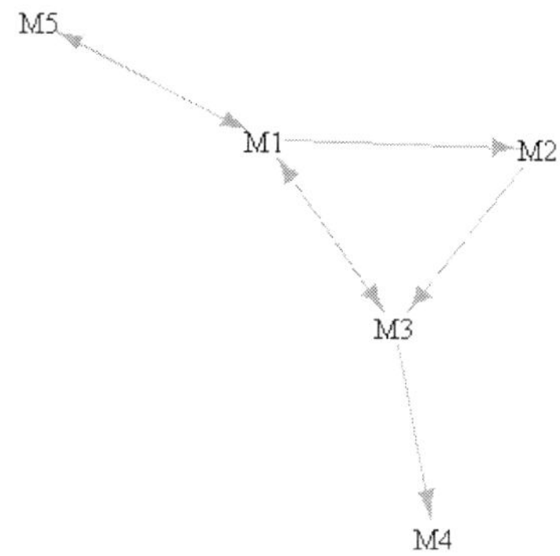

그림 1: 네트워크 **A**의 igraph 그래프

```
# network 1, edgelist matrix as input
A.edges.matrix <- matrix(c(1,2,
                           1,3,
                           1,5,
                           2,3,
                           3,1,
                           3,4,
                           5,1), ncol=2, byrow=T)
A <- graph.edgelist(A.edges.matrix)
```

igraph에서 무방향 네트워크(undirected network)도 점(點) 수와 선(線) 리스트로 써 정의된다. graph() 내에 directed=F가 선언되는 경우 (a, b)와 (b, a) 중 하나로써 $a \leftrightarrow b$가 표현된다. 다음 R 스크립트를 보라.

```
# network 2: undirected version of network 1
B.edges.matrix <- A.edges.matrix[-c(5,7),]
B <- graph.edgelist(B.edges.matrix,directed=F)
V(B)$name <- c("M1","M2","M3","M4","M5")
plot(B, layout=layout.kamada.kawai, vertex.label=V(B)$name,
     vertex.shape="none", edge.width=2)
```

그림 2가 네트워크 **B**의 igraph 그래프이다. 선 리스트가 $l \times 2$ 행렬로 주어진 경우

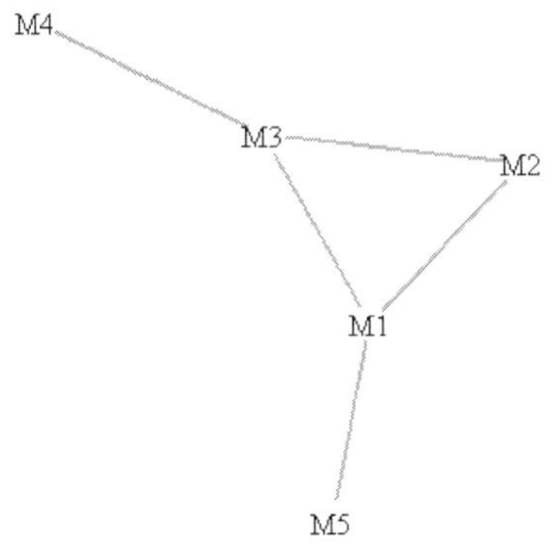

그림 2: 네트워크 **B**의 igraph 그래프

에는 graph.edgelist() 함수를 사용하여 무방향 네트워트를 표현할 수 있다.

방향 네트워크 **A**의 出線 수(outdegree), 入線 수(indegree), 밀도(density)는 다음과 같이 구해진다.

```
> degree(A, mode="out")
[1] 3 1 2 0 1
> degree(A, mode="in")
[1] 2 1 2 1 1
> graph.density(A)
[1] 0.35
```

무방향 네트워크 **B**의 연결선 수(degree)와 밀도(density)는 다음과 같이 구해진다.

```
> degree(B)
[1] 3 2 3 1 1
> graph.density(B)
[1] 0.5
```

2. 최단거리와 최단경로

igraph의 shortest.paths 함수는 사회네트워크의 최단거리 행렬을 계산해준다. 예컨대, 앞 절의 방향 네트워크 **A**에서 최단거리는 다음과 같다.

```
> shortest.paths(A, mode="out")
     M1  M2  M3  M4  M5
M1    0   1   1   2   1
M2    2   0   1   2   3
M3    1   2   0   1   2
M4  Inf Inf Inf   0 Inf
M5    1   2   2   3   0
```

A와 같이 방향성을 갖는 네트워크의 경우에는 shortest.paths()의 안에 반드시 mode="out"를 넣어야 한다.

igraph에는 점과 점 사이 최단경로를 구하는 함수로 get.shortest.paths()가 있다. 예컨대 점 5에서 점 4에 이르는 최단경로는

```
> get.shortest.paths(A, from=5, to=4, mode="out")
[[1]]
[1] 5 1 3 4
```

이다. 즉 $5 \to 1 \to 3 \to 4$가 최단경로이다. 이 경로가 유일한 최단경로는 아닐 수 있다. 모든 최단경로는 get.all.shortest.path()로 구한다.

igraph 팩키지에서는 path.length.hist 함수를 써서 최단거리의 빈도표를 얻을 수 있다. 다음을 보라.

```
> path.length.hist(A)
$res
[1] 7 7 2
$unconnected
[1] 4
```

$res는 유한거리 $1, 2, 3, \cdots$의 출현 돗수이고 $unconnected는 무한거리 ∞의 출현 돗수이다. 방향 그래프의 경우 돗수의 총합은 $n(n-1)$이고, 무방향 그래프의 경우 돗수의 총합은 $\frac{1}{2}n(n-1)$이다.

앞 절의 무방향 네트워크 **B**에서 최단거리는 다음과 같다.

```
> shortest.paths(B)
   M1 M2 M3 M4 M5
M1  0  1  1  2  1
M2  1  0  1  2  2
M3  1  1  0  1  2
M4  2  2  1  0  3
M5  1  2  2  3  0
```

igraph에서 도달가능도(reachability)를 산출하는 함수는 없다. 그러나 도달가능한 두 점 간 거리는 $n-1$ 이하이고 도달가능하지 않은 두 점 간 거리는 n 이상이므로, 이를 이용해 두 점 간 도달가능도를 알아낼 수 있다.

예컨대 네트워크 **A**에서 도달가능도는 다음과 같이 구할 수 있다.

```
> D <- shortest.paths(A, mode="out")
> reachability <- (D <= 4)
> diag(reachability) <- NA
> reachability
      M1    M2    M3   M4    M5
M1    NA  TRUE  TRUE TRUE  TRUE
M2  TRUE    NA  TRUE TRUE  TRUE
M3  TRUE  TRUE    NA TRUE  TRUE
M4 FALSE FALSE FALSE   NA FALSE
M5  TRUE  TRUE  TRUE TRUE    NA
```

3. 작은 세상

$n+1$ 명의 사회에서 각 구성원이 자기 외에 평균 5명($=\mu$)을 알고 있다는 가정하에서 임의의 두 명 사이 거리 D의 확률 분포를 살펴보기로 하자 (1장 4절 참조).

igraph 패키지에서 `random.graph.game()`은 임의 네트워크를 만드는 함수이다. 예컨대 `random.graph.game(10, p=0.5, directed=T)`는 점(點)이 10개인 임의 네트워크를 만드는데 이 때 점 간 연결 여부는 성공확률 0.5인 베르누이 확률변수로 결정된다.

다음은 '작은 세상(*small world*)' 현상을 보기 위한 R 스크립트이다. $n=10$이 주어져 있으나 100, 1,000, 10,000 등으로 확장가능하다.

```
library(igraph)
n <- 10
N <- n*(n+1)
mu <- 5
world.n <- random.graph.game(n+1, p=mu/n, directed=T)
dist.D <- path.length.hist(world.n)
round(dist.D$res/N*100,1)
round(dist.D$unconnected/N*100,1)
```

$n = 10$인 경우, $D = 1, 2, 3$에 대한 상대적 빈도가 50.9%, 46.4%, 2.7% (합계 100.0%)로 나타났다. D의 중간값은 1.

$n = 100$으로 바꿔 모의시행 프로그램을 돌린 결과, $D = 1, 2, 3, 4, 5, 6, \infty$에 대한 상대적 빈도가 4.6%, 18.4%, 41.2%, 28.9%, 4.6%, 0.2%, 2.0% (합계 100.0%)로 나타났다. D의 중간값은 3. 그림 3은 $n = 100$인 네트워크 `world.n`의 그래프이다.

$n = 1,000$에서는 $D = 1, 2, 3, 4, 5, 6, 7, 8, 9, \infty$에 대한 상대적 빈도가 0.5%, 2.5%, 11.3%, 35.1%, 38.9%, 9.6%, 0.8%, 0.1%, 0.0%, 1.3% (합계 100.0%)로 나타났다. D의 중간값은 5.

$n = 10,000$의 경우, $D = 1, 2, 3, 4, 5, 6, 7, 8, 9, 10, 11, 12, \infty$에 대한 상대적 빈도가 0.1%, 0.3%, 1.2%, 5.9%, 22.8%, 43.7%, 21.8%, 2.8%, 0.2%, 0.0%, 0.0%, 0.0%, 1.2% (합계 100.0%)로 나타났다. D의 중간값은 6.[3]

종합해보면, 사회의 크기가 기하급수적으로 급히 증가하더라도 두 사람 간 거리는 아주 천천히 증가하는 *small world* 현상이 발견된다.

4. 중심성

`igraph`에서는 n개 점으로 된 네트워크에서 대하여 나가는 방향과 들어오는 방향의 근접 중심성(closeness centrality)이 각각 다음과 같이 정의된다.[4]

$$C_{[1],out}(i) = \frac{n-1}{\sum_{j \neq i} d(i,j)}, \quad i = 1, \cdots, n. \tag{1}$$

3 이 경우는 1장 4절의 `sna` 프로그램이 저자의 노트북에서 메모리 부족 문제로 실행되지 않았으나 이 절의 `igraph` 프로그램은 그런 문제가 없었다. 그러나 `igraph` 프로그램도 $n = 100,000$의 경우에서는 문제를 일으켰다.

4 2장에서 설명하였듯이 근접 중심성에 앞의 정의는 별로 좋지 않다. 2개 점 간 최단거리가 ∞인 것이 하나라도 있는 경우 값이 0이 되기 때문이다.

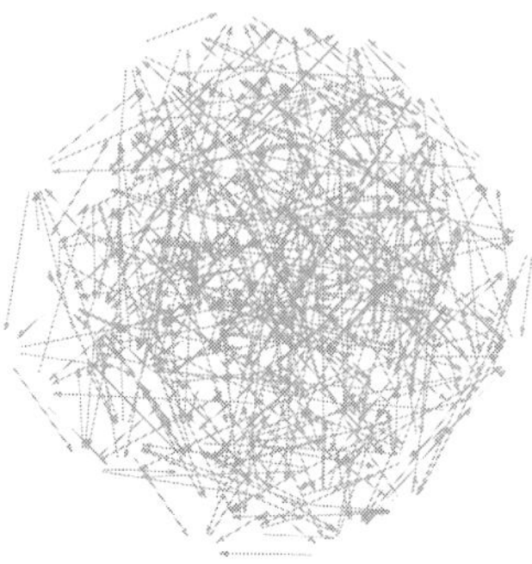

그림 3: world.n의 그래프, $n = 100$

$$C_{[1],in}(j) = \frac{n-1}{\sum_{i \neq j} d(i,j)}, \quad j = 1, \cdots, n. \tag{2}$$

여기서 $d(i,j)$는 점 i에서 j에 이르는 최단거리이다. 만약 그 거리가 ∞인 경우에는 n으로 대체된다. 이에 따라 근접 중심성은 어느 점에서나 $\frac{1}{n}$ 이상의 값을 취한다.

식 (1)과 식 (2) 대신 나가는/들어오는 방향의 근접 중심성을 다음과 같이 정의할 수 있다.

$$C_{[2],out}(i) = \frac{1}{n-1} \sum_{j \neq i} \frac{1}{d(i,j)}, \quad i = 1, \cdots, n.$$

$$C_{[2],in}(j) = \frac{1}{n-1} \sum_{i \neq j} \frac{1}{d(i,j)}, \quad j = 1, \cdots, n.$$

다음 R 스크립트는 거의 선형인 네트워크 **L** (그림 4)과 1개의 고립점이 추가된 거의 선형인 네트워크 **L**.10 (그림 5)에 대해 정의 2에 의한 근접 중심성의 계산과정을 보여준다.

```
# The nearly linear network
library(igraph)
L <- graph(n=9,c(1,4,2,4,3,4,4,5,5,6,6,7,7,8,8,9),directed=F)
plot(L, layout=layout.fruchterman.reingold, edge.arrow.mode="-",
     edge.width=2, vertex.label.cex=1.2)
round(closeness(L, mode="out"),2)
```

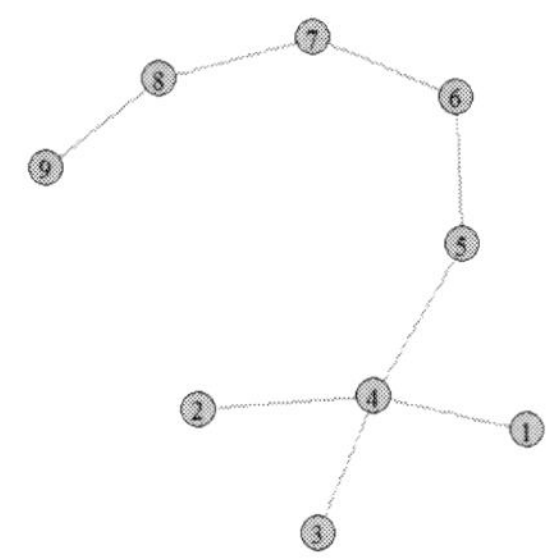

그림 4: 거의 선형인 네트워크 **L**

```
# The nearly linear network with one isolate vertex
L.10 <- graph(n=10,c(1,4,2,4,3,4,4,5,5,6,6,7,7,8,8,9),directed=F)
plot(L.10, layout=layout.fruchterman.reingold,edge.arrow.mode="-",
     edge.width=2, vertex.label.cex=1.2)
round(closeness(L.10, mode="out"),2)

# closeness centrality (type 2)
closeness.2.out <- function(net,n)
{
D <- shortest.paths(net, mode="out")
diag(D) <- Inf
return(apply(1/D,1,sum)/(n-1))
}
round(closeness.2.out(L,9),2)
round(closeness.2.out(L.10,10),2)
# end
```

계산결과는 다음과 같다.

```
> round(closeness.2.out(L,9),2)
 [1] 0.43 0.43 0.43 0.66 0.57 0.54 0.51 0.46 0.35
> round(closeness.2.out(L.10,10),2)
 [1] 0.38 0.38 0.38 0.59 0.51 0.48 0.45 0.41 0.31 0.00
```

igraph에서 중개 중심성의 정의는 sna에서의 정의와 같다. 즉 점 v의 중개 중심

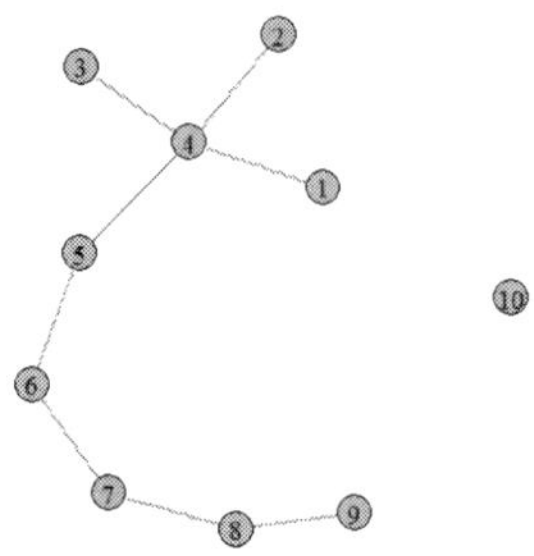

그림 5: 고립점 1개를 가진 거의 선형인 네트워크 **L.10**

성(betweenness centrality) $C_B(v)$은

$$C_B(v) = \sum_{i \neq v} \sum_{j \neq v, \neq i} \frac{g_{ivj}}{g_{ij}}, \quad v = 1, \cdots, n$$

이다. 여기서 g_{ij}는 점 i에서 $j\,(\neq i)$로 가는 최단경로의 수이고 g_{ivj}는 점 i에서 $j\,(\neq i, \neq v)$로 가는 최단경로 가운데 점 $v\,(\neq i)$를 거치는 경로의 수이다. 단, 무방향 네트워크에 대한 중개 중심성은 $i < j$인 (i, j) 쌍만 고려된다.

거의 선형인 네트워크 **L** (그림 4)과 1개의 고립점이 추가된 거의 선형인 네트워크 **L.10** (그림 5)에 대해 중개 중심성의 계산은 다음과 같다.

```
> betweenness(L)
 [1]  0  0  0 18 16 15 12  7  0
> betweenness(L.10)
 [1]  0  0  0 18 16 15 12  7  0  0
```

igraph는 중개 중심성이 최소가 되는 고리(ring) 네트워크 **R** (그림 6)과 중개 중심성이 최대가 되는 별(star) 네트워크 **S** (그림 7)를 함수로 제공한다. 다음 R 스크립트를 보라.

```
# Ring and Star with 9 vertices
R <- graph.ring(9)
plot(R,layout=layout.circle)
betweenness(R)
S <- graph.star(9,mode="undirected")
plot(S,layout=layout.kamada.kawai)
betweenness(S)
```

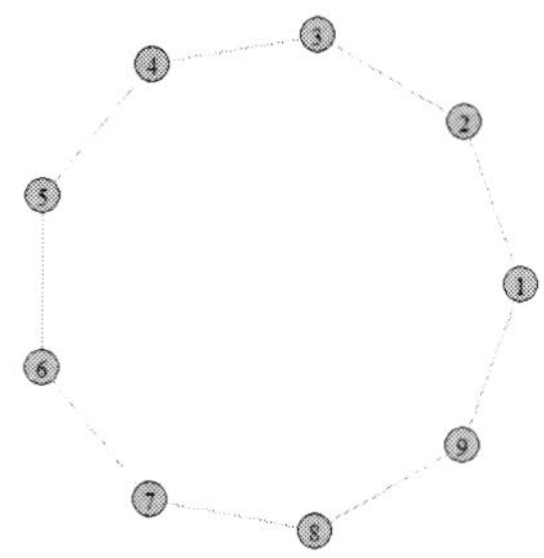

그림 6: 고리(ring) 네트워크 **R**

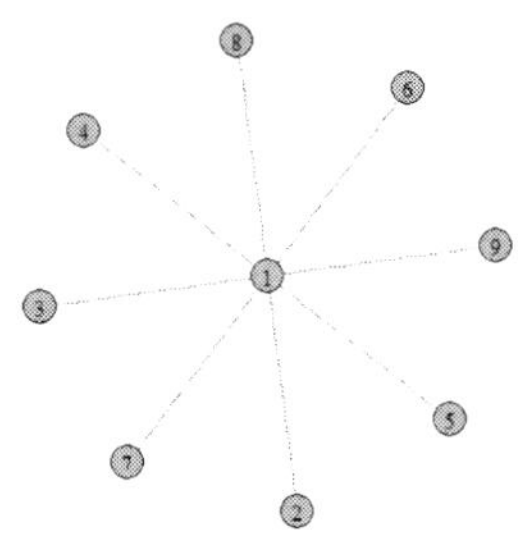

그림 7: 별(star) 네트워크 **S**

R과 **S**에 대해 중개 중심성을 계산한 결과는 다음과 같다.[5]

```
> betweenness(R)
 [1] 6 6 6 6 6 6 6 6 6
> betweenness(S)
 [1] 28  0  0  0  0  0  0  0  0
```

고유벡터 중심성(eigenvector centrality)은 연결 점들의 중요도가 반영된 중요도를 도출해낸다. 즉, 인접행렬 $\mathbf{A}\,(= (a_{ij}))$의 n개 점에 대하여 각각 $c_1, \cdots, c_n$의 중요도

5 igraph는 sna와는 달리 무방향 네트워크에 대한 중개 중심성의 계산 시 $i < j$인 (i, j) 쌍만 고려하므로 **S**에서 중앙점의 중개 중심성이 절반이 된다.

가 부여되었다면

$$c_i \propto \sum_{j=1}^{n} a_{ij} c_j, \quad i = 1, \cdots, n$$

의 관계가 기대되므로 고유 방정식

$$\lambda \mathbf{c} = \mathbf{A}\mathbf{c}$$

이 얻어지며 ($\mathbf{c} = (c_1, \cdots, c_n)^t$), 가장 큰 고유값에 해당하는 고유벡터로부터 중요도 $\mathbf{c}$가 나온다.

igraph 팩키지는 sna 팩키지와는 달리 고유벡터 중심성의 산출 시 네트워크가 무방향임을, 즉 행렬 $\mathbf{A}$가 대칭임을 전제하므로 주의가 필요하다.

한 예로서 Knoke의 '대칭적' 정보 네트워크를 보자. 표 1의 네트워크는 Knoke의 정보(information) 네트워크로서 10개 사회복지 정치경제 구성체 간 정보의 상호적 교류를 보여준다.[6] 10개 기관 리스트는 다음과 같다.

[1] COUNty government, [2] chamber of COMMerce, [3] board of EDUCcation, [4] INDUtry development agency, [5] MAYoR, [6] WRO group, [7] NEWSpaper, [8] United WAY (private organization), [9] WELFare, [10] WEST group.

그림 8는 표 1의 네트워크에 대한 그래프이다. 다음 R 스크립트로 Knoke의 '대칭적' 정보 네트워크에서 고유벡터 중심성이 산출된다. 외부 파일로부터 선(edges) 리스트를 불러왔다.

```
# Knoke information network [undirected]
knoke.infor.1 <- read.graph("knoke-infor-edgelist-1.txt",
     format="edgelist",n=10,directed=F)
V(knoke.infor.1)$name <- c("COUN","COMM","EDUC","INDU","MAYR",
     "WRO","NEWS","UWAY","WELF","WEST")
plot(knoke.infor.1, layout=layout.fruchterman.reingold,
     vertex.label=V(knoke.infor.1)$name,
     vertex.shape="rectangle", vertex.shape="none",
     vertex.label.font=2, edge.arrow.size=0.5)
round(evcent(knoke.infor.1,scale=F)$vector,2)
```

6 2장의 Knoke 정보 네트워크와는 달리 양방향 정보 흐름이 있는 경우 두 점이 연결되는 것으로 정의되었다. 하대각(lower diagonal)은 상대각(upper diagonal)의 대칭이다.

표 1: Knoke의 '대칭적' 정보 네트워크

	[1]	[2]	[3]	[4]	[5]	[6]	[7]	[8]	[9]	[10]
COUN	.	1	0	0	1	0	0	0	0	0
COMM	.	.	1	1	1	0	1	1	1	0
EDUC	.	.	.	0	1	1	0	0	0	1
INDU	.	.	.	.	1	0	1	0	0	0
MAYR	.	.	.	.	.	0	1	1	1	1
WRO	.	.	.	.	.	.	0	0	0	0
NEWS	.	.	.	.	.	.	.	0	0	0
UWAY	.	.	.	.	.	.	.	.	0	0
WELF	.	.	.	.	.	.	.	.	.	0
WEST	.	.	.	.	.	.	.	.	.	.

Knoke의 '대칭적' 정보 네트워크에서 고유벡터 중심성의 계산 결과는 다음과 같다. 부호는 무시하여야 한다. "MAYR"(市長)[5]이 가장 중요한 위치를 점하고 있고 그 다음이 "COMM"(상공회의소)[2]이다.

```
> round(evcent(knoke.infor.1,scale=F)$vector,2)
 [1]  0.23  0.49  0.29  0.31  0.53  0.07  0.31  0.23  0.23  0.19
```

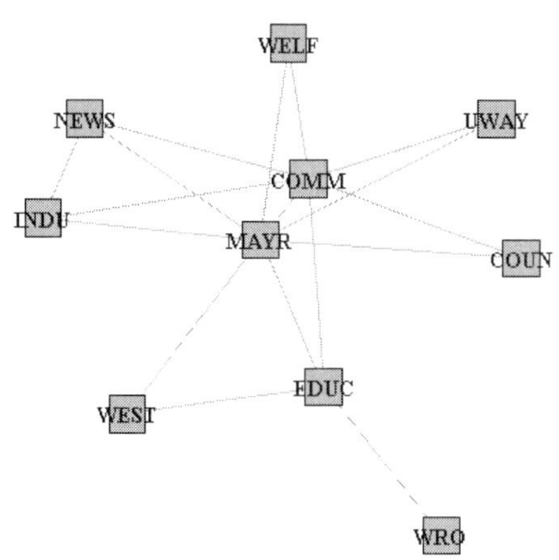

그림 8: Knoke의 '대칭적' 정보 네트워크

5. 구글의 Page 순위

구글(Google)에서 웹 사이트의 중요도로 활용되는 Page 순위 방법을 소개하고자 한다 (Wikipedia "PageRank" 참조). 이 방법은 고유벡터 중요도와 매우 유사하다.

n개의 웹 사이트로 구성된 인터넷 망(網, network)에서 트래픽 이동이 행렬 $\mathbf{V}\,(=(v_{ij}))$로 표현되었다고 하자. 즉, v_{ij}는 i에서 j로 이동한 트래픽 볼륨이다. 따라서 i에 조건화한 전이확률분포(transition probability distribution)는

$$\frac{1}{\sum_{j=1}^{n} v_{ij}}(\,v_{i1},\cdots,v_{ij},\cdots,v_{in})\ \ (=(\,p_{i1},\cdots,p_{ij},\cdots,p_{in}))$$

으로 주어진다. 인터넷 트래픽에서 사이트의 유입성(in-flow)이 중요하므로, 사이트 j의 중요도 c_j에 대해 다음 식이 유도된다.

$$c_j \ \propto \ \sum_{i=1}^{n} c_i\,p_{ij}, \quad j=1,\cdots,n.$$

따라서

$$\lambda\,\mathbf{c} = \mathbf{P}^t\mathbf{c},$$

여기서 $\mathbf{c}=(c_1,\cdots,c_n)^t$. 즉 $\mathbf{c}$의 해는 $\mathbf{P}^t$의 고유벡터로부터 얻어진다.

실제 구글의 페이지 순위(Page rank)는 $n\times n$ 행렬 $\mathbf{P}$ 대신

$$\mathbf{P}_* = 0.85\,\mathbf{P} + 0.15\,\mathbf{J}$$

를 사용한다 (여기서 $\mathbf{J}$는 모든 요소가 1인 $n\times n$ 행렬). 약 15%의 빈도로 웹 사용자들이 임의보행(random walk)을 하는 것으로 보기 때문이다. 또한 활용상의 편의를 위하여 $\mathbf{P}_*$의 고유벡터 $\mathbf{c}$를 합이 1이 되도록 재표준화한다.

이 방법을 2장에 소개된 Knoke의 정보 네트워크의 인접행렬에 적용해보기로 한다. 다음 `R` 스크립트로 Page 순위를 계산할 수 있다.

```
# Knoke information network [directed]
knoke.infor.edgelist <- read.table("knoke-infor-edgelist.txt",header=F)
index <- as.matrix(knoke.infor.edgelist)+1
n <- 10
V <- matrix(0,n,n)
V[index] <- 1
V
```

```
P <- V / apply(V,1,sum)
J <- matrix(1,n,n)/n
page.rank.1 <- eigen(0.85*t(P)+0.15*J)$vectors[,1]
c("COUN","COMM","EDUC","INDU","MAYR","WRO","NEWS","UWAY","WELF","WEST")
round(as.numeric(page.rank.1/sum(page.rank.1)),3)
```

계산 결과는 다음과 같다.

```
> round(as.real(page.rank.1/sum(page.rank.1)),3)
[1] 0.095 0.174 0.069 0.117 0.176 0.025 0.157 0.055 0.090 0.043
```

igraph 팩키지는 Page 순위를 산출하기 위한 함수로 page.rank()를 제공한다. 다음 R 스크립트를 보라. 물론 결과는 같다.

```
# The igraph for page rank
library(igraph)
knoke.infor <- read.graph("knoke-infor-edgelist.txt",format="edgelist")
round(page.rank(knoke.infor)$vector,3)
```

참고로, 그림 9는 igraph로 만든 '비대칭적' 정보 네트워크의 그래프이다. "MAYR"의 Page 순위가 0.176으로 가장 크고 그 다음이 "COMM"의 0.174이다.

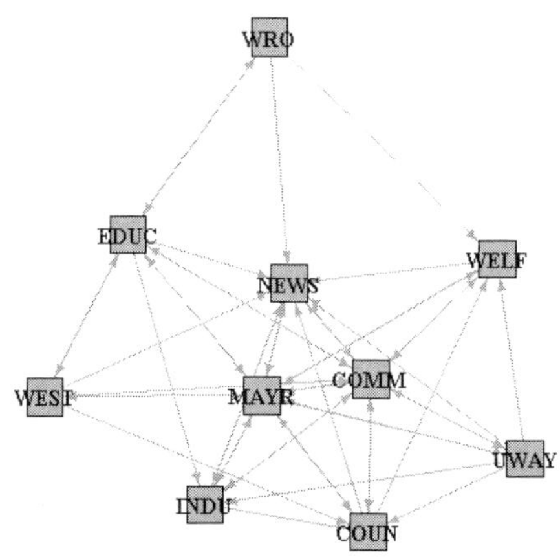

그림 9: Knoke의 '비대칭적' 정보 네트워크

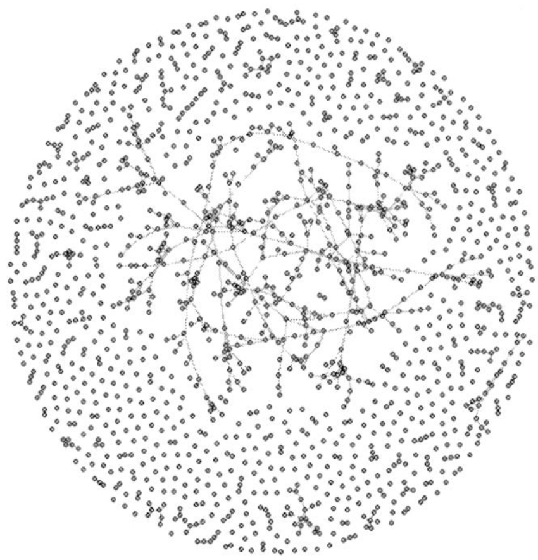

그림 10: faux.magnolia.high(fmh) 네트워크

6. 네트워크의 특성과 부그룹

네트워크의 밀도(density)는 가능한 연결선의 총 수 대비 관측된 연결선의 수로 정의된다.

예로서 ergm 라이브러리가 제공하는 faux.magnolia.high 자료의 경우를 보자. 이 네트워크는 고등학교 학생 1,461명($=n$) 간 상호적 친구 관계(friendship)이며 총 974개 선으로 연결되어 있다. 그림 10을 보라. 다음 R 스크립트는 igraph 팩키지로 faux.magnolia.high 네트워크의 그래프를 작성하고 밀도를 산출해낸다.

```
# Faux Magnolia High School data
library(igraph)
library(ergm)
data(faux.magnolia.high)
fmh <- graph.adjacency(faux.magnolia.high)
plot(fmh, layout=layout.fruchterman.reingold, vertex.label=NA,
     edge.arrow.mode="-", edge.arrow.size=0.5,vertex.shape="circle",
     vertex.size=2)
round(graph.density(fmh),6)
```

계산결과는 다음과 같다.

```
> round(graph.density(fmh),6)
[1] 0.000913
```

faux.magnolia.high 네트워크의 밀도는 $\frac{913}{1,000,000}$ 이다.

네트워크에서 추이적(推移的, transitive) 관계는 a ≠ c에 대하여 "if a → b and if b → c, then a → c"로 정의된다. 추이성(推移性, transitivity)은 이것을 정량화한 지표이다. igraph 팩키지에서 다음과 같이 구해진다.

```
> round(transitivity(fmh),3)
[1] 0.278
```

faux.magnolia.high 네트워크에서 친구의 친구가 친구가 되는 비율은 27.8%이다.

네트워크에서 상호적(相互的, reciprocal) 관계는 "if a → b, then b → a"로 정의되며 방향 네트워크에서만 의미가 있다. 상호성(相互性, reciprocity)은 이것을 정량화한 지표이다.

앞 절에 소개된 바 있는 Knoke의 '비대칭적' 정보 네트워크에 대한 상호성 계산은 igraph 팩키지에서 다음과 같이 구해진다.[7]

```
> round(reciprocity(knoke.infor),3)
[1] 0.531
```

igraph 팩키지에서 3자 간 관계의 센서스(triad census)는 다음과 같이 triad.census 함수로써 산출된다. 3자 간 관계에 대하여는 3장 1절을 보라.

```
> triad.census(knoke.infor)
 [1]  3 13 12  1 13  3 10  4  7  0 14  4  2  1 24  9
```

igraph 팩키지에서 컴포넌트를 찾아내는 함수는 clusters()이다. 방향 네트워크의 경우에는 mode가 strong으로 지정되어야 한다. 다음은 Knoke의 자금 네트워크에서 컴포넌트를 찾는 R 스크립트이다.

7 이 값은 2장에서 sna의 grecip()로 계산한 결과와 다르다. igraph가 제시하는 상호성은 mutual/(mutual + asymmetric)으로 정의된다. 여기서 mutual은 "a → b & b → a"가 성립하는 vertex pair의 수, asymmetric은 "a → b, but not b → a"인 vertex pair의 수이다.

```
# Knoke money network
knoke.money <- read.graph("knoke-money-edgelist.txt",format="edgelist")
V(knoke.money)$name <- c("COUN","COMM","EDUC","INDU","MAYR","WRO","NEWS",
      "UWAY","WELF","WEST")
clusters(knoke.money,mode="strong")
```

이에 대한 출력은 다음과 같다.

```
> clusters(knoke.money,mode="strong")
$membership
 [1] 3 5 6 1 4 0 2 6 6 7
$csize
[1] 1 1 1 1 1 1 3 1
$no
[1] 8
```

모두 8개의 성분이 발견되는데 이 중에서 최대크기의 컴포넌트는 membership 번호 6번이다 ("EDUC", "UWAY", "WELF"). 선 리스트를 검색해보면 "EDUC" → "UWAY", "UWAY" → "WELF", "WELF" → "EDUC"의 3자 관계가 확인된다.

컴포넌트(component)와는 달리 동아리(clique, 클리크)는 상호 직접소통하는 점들의 집합이다. 따라서 상호 도달가능한 점들의 그룹인 컴포넌트보다 더 세세하다 (3장 2절 참조). 수학적으로, 동아리는 컴포넌트의 부분집합(subset)이다.

무방향인 `faux.magnolia.high(fmh)` 네트워크에서 컴포넌트를 찾아보자. 다음 R 스크립트를 보라.

```
# components in faux.magnolia.high network
clusters.fmh <- clusters(fmh)
cluster.fmh$no
table(clusters.fmh$csize)
```

이에 대한 출력은 다음과 같다.

```
> clusters.fmh$no
[1] 661
> table(clusters.fmh$csize)
  1   2   3   4   5   6   7   8   9  11  12  19  23 439
524  64  29  11  12   4   7   4   1   1   1   1   1   1
```

모두 661개의 컴포넌트가 있고 그 중에는 1명 컴포넌트가 524개, 2명 컴포넌트가 64개, ···, 23명으로 된 컴포넌트 1개, 439명 컴포넌트 1개가 있음을 알 수 있다.

igraph 팩키지를 써서 fmh 네트워크에서 동아리들을 찾아보자. igraph 팩키지의 maximal.cliques()는 무방향 네트워크에서 크기를 1이라도 키우면 더 이상 동아리가 아닌 모든 동아리들을 리스트한다. 그 중에서도 가장 큰 동아리를 찾아내기 위하여 다음 R 스크립트가 작성되었다.

```
# cliques in faux.magnolia.high network
mc.fmh <- maximal.cliques(fmh)
L <- length(mc.fmh)
temp <- 0
for (i in 1:L){
   if (length(mc.fmh[[i]]) >= temp) {
      temp <- length(mc.fmh[[i]])
      index <- i
   }
}
L
index
mc.fmh[[index]]
```

이에 대한 출력은 다음과 같다.

```
> L
[1] 1272
> index
[1] 294
> mc.fmh[[index]]
[1]  121  182  529 1142 1159
```

모두 1,272개 동아리가 발견되는데 그 중 가장 큰 것이 294번째 것으로 5명 동아리이다 (그 중 한 동아리는 학생번호 122, 183, 530, 1143, 1160으로 구성된다).[8]

8 igraph 팩키지에서는 점 번호를 0에서 시작하므로. 실제로 fmh 네트워크 5명 동아리는 유일하다. 연습문제로 넘긴다.

7. 가중 네트워크

가중 네트워크는 연결선에 가중치가 붙은 사회 네트워크로서 (4장 참조), 선 가중치는 연결의 강도 또는 상호교류의 빈도 등을 나타내므로 인접거리(adjacent distance)는 가중치의 역으로 정의되는 것이 맞다. 이 점을 고려하여, 최단거리와 최단경로를 구하고 근접 중심성(closeness centrality)을 산출해야 한다.

한 예로서, 거의 선형인 네트워크 $\mathbf{L}_w$가 4장 2절에서와 같이 정의되었다고 하자. 다음 R 스크립트는 igraph 팩키지에서 $\mathbf{L}_w$의 입력과 그래프 작성과정을 보여준다.

```
# Igraph Weighted Network Analysis: Closeness Centrality
# The nearly linear weighted network
library(igraph)
L.w.list <- matrix(c(1,4,
                     2,4,
                     3,4,
                     4,5,
                     5,6,
                     6,7,
                     7,8,
                     8,9),ncol=2,byrow=T)
w <- c(1.0,0.5,0.5,1.0,1.0,0.5,0.25,0.25)
L.w <- graph.edgelist(L.w.list,directed=F)
E(L.w)$weight <- w
plot(L.w, layout=layout.kamada.kawai, edge.label=w)
```

그림 11에서 가중 네트워크 $\mathbf{L}_w$의 연결선에 가중치가 올려져 있다. 그러나 최단거리(shortest paths)를 계산하기 위해서는 연결선에 인접거리를 붙여야 한다. 그 다음, igraph의 shortest.paths 함수를 써서 최단거리를 산출한다.

```
# adjacent distances and shortest paths
G.w <- graph.edgelist(L.w.list,directed=F)
E(G.w)$weight <- 1/w
shortest.paths(G.w)
```

이에 대한 출력은 다음과 같다.

```
> shortest.paths(G.w)
```

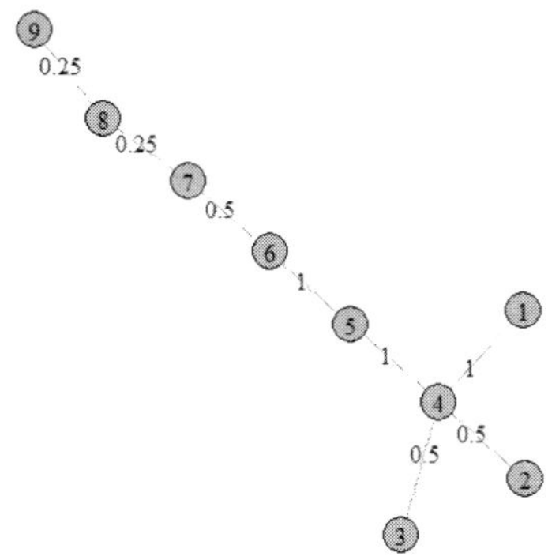

그림 11: 거의 선형인 가중 네트워크 $\mathbf{L}_w$

```
      [,1] [,2] [,3] [,4] [,5] [,6] [,7] [,8] [,9]
 [1,]    0    3    3    1    2    3    5    9   13
 [2,]    3    0    4    2    3    4    6   10   14
 [3,]    3    4    0    2    3    4    6   10   14
 [4,]    1    2    2    0    1    2    4    8   12
 [5,]    2    3    3    1    0    1    3    7   11
 [6,]    3    4    4    2    1    0    2    6   10
 [7,]    5    6    6    4    3    2    0    4    8
 [8,]    9   10   10    8    7    6    4    0    4
 [9,]   13   14   14   12   11   10    8    4    0
```

점 0과 점 1 간 최단거리가 3으로 나타났는데 이는 점 0과 점 3 간 인접거리가 1이고 점 3과 점 1 간 인접거리가 $2\,(=\frac{1}{0.5})$이기 때문이다. 그리고 점 0과 점 8 간 최단거리는 $13\,(=1+\frac{1}{0.5}+1+1+\frac{1}{0.5}+\frac{1}{0.25}+\frac{1}{0.25})$이다.

`igraph`에서 근접 중심성(closeness centrality)을 산출하는 함수는 `closeness()`이지만 유감스럽게도 이 함수는 가중치를 반영하지 못한다. 따라서 `igraph`에서 근접 중심성을 계산하기 위해서는 사용자 함수를 만들어 써야 한다. 아래 `R` 스크립트는 가중 네트워크에 대한 근접 중심성을 두 종류의 정의에 따라 산출해낸다.

```
# closeness centrality (type 1)
closeness.1.out <- function(net,n)
{
```

```
D <- shortest.paths(net)
return((n-1)/apply(D,1,sum))
}
# closeness centrality (type 2)
closeness.2.out <- function(net,n)
{
D <- shortest.paths(net)
diag(D) <- Inf
return(apply(1/D,1,sum)/(n-1))
}
round(closeness.1.out(G.w,9),3)
round(closeness.2.out(G.w,9),3)
```

이에 대한 출력은 다음과 같다.

```
> round(closeness.1.out(G.w,9),3)
[1] 0.205 0.174 0.174 0.250 0.258 0.250 0.211 0.138 0.093
> round(closeness.2.out(G.w,9),3)
[1] 0.361 0.251 0.251 0.495 0.467 0.388 0.249 0.156 0.109
```

정의 1에 따르면 점 4의 근접 중심성이 가장 크고 정의 2에 따르면 점 3의 근접 중심성이 가장 크다.

가중 네트워크에 대하여 중개 중심성(betweenness centrality)을 산출하는 `igraph` 함수는 없는 것으로 보인다.

`igraph` 패키지에서 선 가중치가 반영된 연결선 수(degrees)를 산출하기 위해서는 `graph.strength()`를 쓴다. 이 함수는 점 별로 연결선에 붙은 가중치들 합계를 산출해낸다.

```
> graph.strength(L.w)
[1] 1.00 0.50 0.50 3.00 2.00 1.50 0.75 0.50 0.25
```

`igraph` 패키지에서 `evcent()`는 가중치가 반영된 고유벡터 중심성을 산출해낸다. 거의 선형인 가중 네트워크에 대한 고유벡터 중심성은 다음과 같다 (부호는 무시).

```
> round(evcent(L.w, scale=F)$vector,3)
[1] 0.354  0.177  0.177  0.618  0.550  0.343  0.100  0.015  0.002
```

8. 그래프

igraph 팩키지는 네트워크의 시각화를 위한 다수의 기능을 가지고 있다. 한 예로서, 4장 1절에 제시된 심리학 저널의 상호인용 빈도 자료에 대한 그래프를 그려보자. 다음 R 스크립트는 자료를 igraph 네트워크로 등록하고 시각화한다.

```
# Psychology Journal Reference Pattern, visualized by the igraph
library(igraph)
psych_edgelist <- as.matrix(read.table("psych_edgelist.txt",header=F))
psych.w <- graph.edgelist(psych_edgelist[,1:2])
E(psych.w)$weight <- psych_edgelist[,3]
psych.w
psych.diag <- c(119,510,84,533,225,52,586,58)
psych.name <- c("AJP","JASP","JAP","JCPP","JCP","JEDP","JEXP","PKA")
plot(psych.w, layout=layout.drl,
      vertex.size=2,vertex.shape="none",vertex.size=psych.diag,
      vertex.label=psych.name,vertex.label.font=2,
      vertex.label.cex=1+sqrt(psych.diag)/15,
      edge.width=2+E(psych.w)$weight/5,
      edge.arrow.width= E(psych.w)$weight/50)
```

그림 12가 이로부터 만들어진 그래프이다. 점의 크기에 자체인용 빈도가 반영되었고 선의 폭에 가중치가 표현되었다. JCP–JASP–JEXP–JCPP의 연결과 JEXP–AJP의 연결이 두드러져 있고 JEXP와 JASP가 네트워크의 중앙에 포진하고 있음을 볼 수 있다.

다음은 igraph plot의 파라미터 분류이다 (Suzuki, 2009). 좋은 그래프를 얻기 위해서는 다수의 시행착오가 필요하다.

1) 배치(layout) 관련

   layout: 점의 좌표를 정하는 알고리즘을 지칭. layout.random, layout.circle, 역할적 모델에 기초한 layout.fruchterman.reingold, layout.kamada.kawai, layout.spring 등과 대규모 네트워크를 위한 layout.lgl, 다차원척도법에 의한 layout.mds, 특이값 분해에 근거한 layout.svd 등이 있다.

2) 선(edge) 관련

   edge.color: 선의 색을 정한다. 디폴트는 "darkgrey".

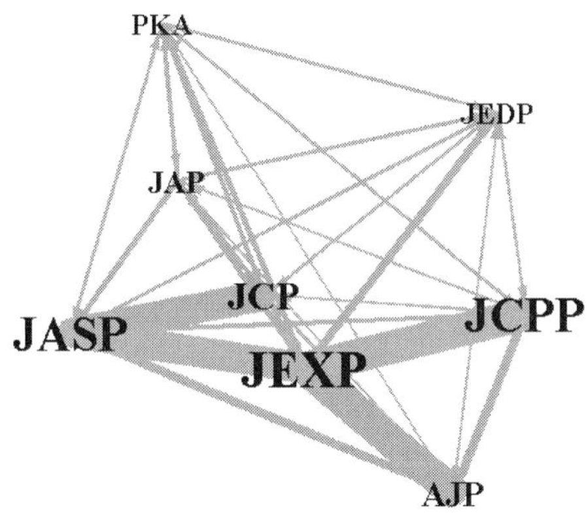

그림 12: 심리학 저널의 상호인용 네트워크

`edge.width`: 선의 폭.

`edge.arrow.size`: 화살의 크기.

`edge.arrow.width`: 화살의 폭.

`edge.lty`: 선의 유형. `"solid"`, `"dashed"`, `"dotted"` 등.

`edge.label`: 선 레이블.

`edge.label.family`: 선 레이블 종류를 지정. `"serif"`, `"sans"`, `"mono"` 등.

`edge.label.font`: 선 레이블 자형을 지정. 1은 플레인 텍스트, 2는 볼드, 3은 이탤릭, 4는 볼드 이탤릭.

`edge.label.cex`: 선 레이블의 크기. 디폴트는 1.

`edge.label.color`: 선 레이블의 색. 디폴트는 `"navy"`.

`edge.arrow.mode`: 화살 머리의 유형. 0은 없음. 1은 역방향, 2는 순방향, 3은 양방향. 무방향 네트워크의 경우 디폴트는 0.

3) 점(vertex) 관련

`vertex.size`: 점의 크기를 지정한다. 디폴트는 15. 벡터도 가능.

`vertex.color`: 점의 색. 디폴트는 `SkyBlue2`.

`vertex.frame.color`: 점 윤곽의 색. 디폴트는 `black`.

`vertex.shape`: 점의 형태. 디폴트는 `"circle"`. 옵션으로 `"square"`, `"rectangle"`, `"none"` 등.

`vertex.label`: 점 레이블 (벡터).

`vertex.label.family`: 점 레이블 종류를 지정. `"serif"`, `"sans"`, `"mono"` 등.

`vertex.label.font`: 점 레이블 자형을 지정. 1은 플레인 텍스트, 2는 볼드, 3은 이탤릭, 4는 볼드 이탤릭.

`vertex.label.cex`: 점 레이블의 크기. 디폴트는 1.

`vertex.label.dist`: 점 중심과 레이블 간 거리. 디폴트는 0.

`vertex.label.degree`: 점 레이블의 방향(radian). 右(`0`), 左(`pi`), 上(`-pi/2`), 下(`pi/2`).

`vertex.label.color`: 점 레이블의 색. 디폴트는 `"navy"`.

igraph 패키지는 **plot()**, 즉 **plot.igraph()** 외에 interactive graphics 기능의 **tkplot()**과 3차원 dynamic graphics 기능의 **rglplot()**을 제공한다. 이에 대하여는 **igraph** 매뉴얼을 참조하라.

참고문헌

- Suzuki, T. (2009). *Network Analysis* (Learning Data Science by R, Series Number 8). Kyorisu Publishing Company, Tokyo. [Written in Japanese].

연습문제

1. 34명의 카라테 선수 간 경기 기록인 Karate.net 자료를 **igraph** 패키지를 활용하여 1) 그래프를 만들고 2) 근접 중심성과 중개 중심성을 산출하라 (자료출처: http://igraph.sourceforge.net/, 선 리스트는 텍스트 파일 `"karate_net.txt"`로 제공됨).

2. 6절에서 다룬 **faux.magnolia.high** 네트워크에서 1) 5명 동아리가 유일함을 증명하고 2) 4명 동아리를 모두 찾아보라.

9장. 네트워크의 모의생성 SIMULATED SOCIAL NETWORKS

이제까지 분석에 사용된 사회네트워크는 실제이거나 아니면 단순하게 모의생성된 임의 그래프(random graph)였다 (8쪽, 80쪽). 이 장에서는, Watts-Strogatz 네트워크, Barabasi-Albert 네트워크, 선호연결 노화(aging preferential attachment) 네트워크, 산불(forest fire) 네트워크 등 여러 모의생성 사회네트워크를 소개한다. `R`의 `igraph` 팩키지를 활용할 것이다. [1]

1. Watts-Strogatz 네트워크

그림 1과 같이 $n(=50)$개 노드를 가진 고리형 네트워크(ring graph)를 생각하자. 이 네트워크는 어느 노드나 연결선 수(degree)가 2로 평등(平等)하다. 그런데 이 중 임의의 1개 노드가 이웃 노드과의 연결을 끊고 대신 임의의 다른 1개 노드에 연결을 놓는다고 하자. 예컨대 그림 2의 경우 노드 17은 노드 18과의 연결을 끊고 노드 45에 연결을 놓았다. 이에 따라 노드 18과 노드 45의 연결선 수가 각각 1과 3으로 바뀌었다. 불평등(不平等)이 시작된 것이다.

이와 같은 임의적 교체(交替)가 독립적으로 반복되면 네트워크는 어떤 모습이 될까? 그림 3는 5단계에 걸친 교체의 결과를, 그림 4는 50단계에 걸친 교체의 결과를 보여준다. 각 단계의 정밀한 정의는 이후에 할 것이다.

그림 1, 2, 3, 4의 네트워크를 각각 Watts-Strogatz 0, 1, 5, 50이라고 하자. 이들은 어떻게 다른가? 가장 큰 차이는 연결선 수의 분포에서 산포가 증가한다는 사실이다. 다음 빈도분포 표를 보라.

연결선 수	0	1	2	3	4	5	6
Watts-Strogatz 0	0	0	50	0	0	0	0
1	0	1	48	1	0	0	0
5	0	5	41	3	1	0	0
50	4	12	20	10	3	10	1

1 `igraph` 팩키지의 과거 버전에서는 노드의 시작번호가 0이었으나 버전 0.6 이후에서는 이것이 1로 바뀌었다 (2012년 6월). 이에 따라 일부 R 스크립트가 수정되었다. 또한 네트워크 그림들에서도 노드 번호가 1에서 시작하게 되지만, 보는데는 지장이 없어 옛 그림들을 유지하였다.

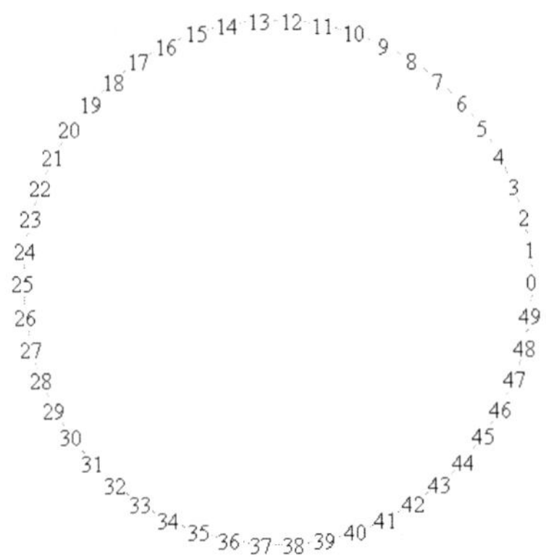

그림 1: Watts-Strogatz 네트워크 0 ($n = 50$)

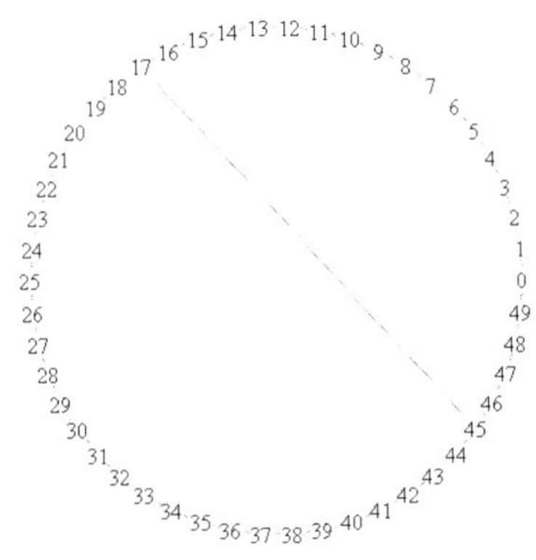

그림 2: Watts-Strogatz 네트워크 1 ($n = 50$)

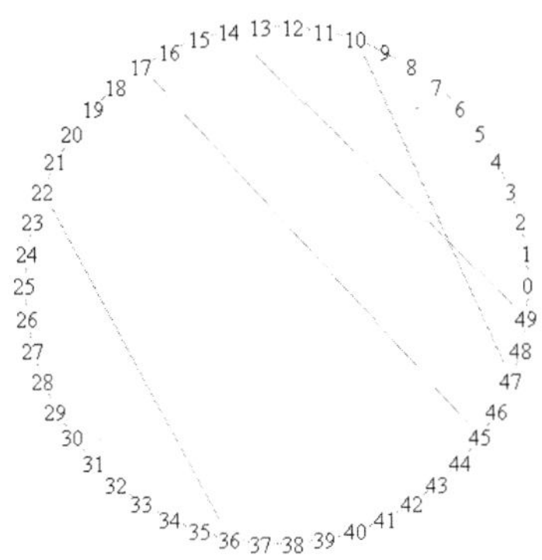

그림 3: Watts-Strogatz 네트워크 5 ($n = 50$)

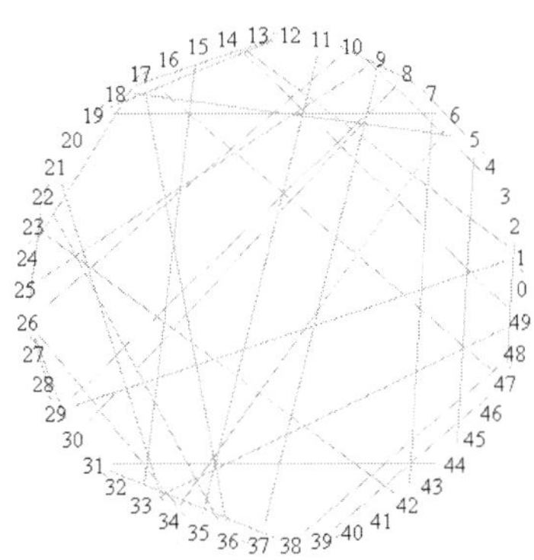

그림 4: Watts-Strogatz 네트워크 50 ($n = 50$)

무한(∞)번의 교체 단계가 반복되면 연결선 수가 $n(= 50)$인 임의 네트워크를 기대할 수 있다. 완전히 규칙적 그래프에서 출발하였는데 말이다.

기술적 세부사항

Watts-Strogatz 네트워크는 완전히 규칙적인 격자형 네트워크에서 각 노드가 자신에 붙은 노드를 p의 확률로 다른 노드로 바꿔 연결함으로써 얻어지는 네트워크이다. 이 네트워크는 Watts and Strogatz (1998)의 연구에서 제안되었다.

`igraph` 팩키지에서 `watts.strogatz.game()` 함수를 써서 Watts-Strogatz 네트워크를 만들 수 있다. 이 함수의 용법은 다음과 같다.

```
watts.strogatz.game(dim, size, nei, p)
```

여기서 `dim`은 격자의 차원, `size`는 노드 수이고, `nei`는 근방(neighbor)을 지정한다. 그리고 `p`는 각 연결에 임의적 교체가 생길 확률이다. 임의적 교체의 과정에서 연결의 양끝 노드가 일치하게 됨으로써 루프(loop)가 생기거나 기존 것과 중복됨으로써 다중선(multiple edges)이 생길 가능성이 있다. `simplify()` 함수는 루프와 다중선을 없애는 기능을 한다.

예 1: 다음은 $n = 50, p = 0.1$인 Watts-Strogatz 네트워크를 만들기 위한 `R` 스크립트이다. `dim`과 `nei`는 1로 두었다. 참고: `ecount()`는 네트워크의 연결선 수를 산출한다. `while` 내 반복으로 최종 출력되는 네트워크는 n개의 연결선 수를 갖는다. 그림 5를 보라.

```
library(igraph)
n <- 50; p <- 0.1; nei <- 1
G <- simplify(watts.strogatz.game(1,n,nei,p))
while(ecount(G) < n) G <- simplify(watts.strogatz.game(1,n,nei,p))
plot(G,layout=layout.circle,vertex.shape="none",edge.arrow.size=0.5)
```

그림 1부터 그림 4까지의 Watts-Strogatz 네트워크는 다음 스크립트로 만들어졌다. `watts.strogatz.game()` 함수를 쓰는 대신 `graph.ring()` 함수로 규칙적 네트워크를 만들었고 (그림 1), `rewire.edges()`를 써서 단계별로 $p = \frac{1}{n}$의 확률로 각 연결별로 한쪽 끝 노드를 임의로 바꿔 네트워크에 변화가 발생하도록 하였다. 따라서 각 단계에서 교체 발생 수는 이항분포 $B(n, \frac{1}{n})$을 따르는 확률변수가 된다. 아래 스크립트에서 `m`은 교체단계의 수이다 (그림 2, 3, 4에서 `m`은 각각 1, 5, 50).

```
# Monte-Carlo generation of Watts-Strogatz networks
library(igraph)
n <- 50
```

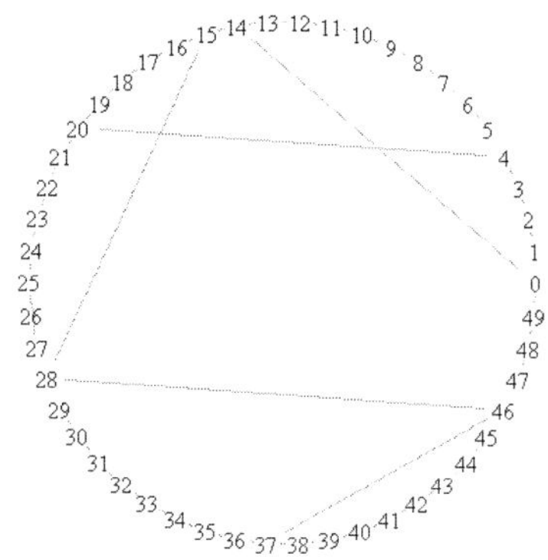

그림 5: Watts-Strogatz 네트워크 ($n = 50, p = 0.1$)

```
G <- graph.ring(n)
plot(G,layout=layout.circle,vertex.shape="none",edge.arrow.size=0.5)
table(degree(G))
mean(degree(G)); var(degree(G))
set.seed(1)
m <- 5
for (step in 1:m){
    G1 <- simplify(rewire.edges(G,p=1/n))
    while(ecount(G1) < n) G1 <- simplify(rewire.edges(G,p=1/n))
    G <- G1
}
plot(G,layout=layout.circle,vertex.shape="none",edge.arrow.size=0.5)
m; table(degree(G))
mean(degree(G)); var(degree(G))
```

노드 수가 n인 규칙적 네트워크에 각 연결에 붙는 한쪽 끝 노드를 확률 $\frac{1}{n}$로 바꾸는 교체 단계를 m회 반복한다고 하자. 그런 경우 특정 연결이 그대로 남은 확률은

$$\left(1 - \frac{1}{n}\right)^m$$

이다. 따라서 노드 수 n이 꽤 큰 네트워크에 대하여 교체 작업을 n회 반복하는 경우 특정 연결이 교체되지 않고 그대로 남은 확률은 $(1-\frac{1}{n})^n (\simeq e^{-1} = 0.368)$이 된다. 그림 4 참조.

2. Barabasi-Albert 네트워크

하이퍼텍스트들의 시스템인 www(World Wide Web)는 적은 수의 '큰' 웹 페이지들과 많은 수의 '작은' 웹 페이지들로 구성되어 있다. 전 세계에 산재된 공항들도 마찬가지여서 소수의 허브(hub) 공항들이 서로 연결되어 있고 다수의 로컬 공항들이 허브 공항들에 연결되어 있다.

네트워크가 왜 이런 모습을 취하는가? 이에 대한 설명으로 Barabasi and Albert (1999)가 다음을 제안하였다.

노드 수 n_1개인 기존 네트워크가 있다고 하자. 새로 생긴 노드는 기존 네트워크의 n_1개 노드 중 1개 노드 $i\,(=1,\cdots,n_1)$에 다음 확률로 붙는다.

$$p_i \propto k[i]^\alpha + \gamma,$$

여기서 $k[i]$는 노드 i에 붙은 연결선 수이고 $\alpha\,(>0)$는 거듭곱 수이고 $\gamma\,(>0)$는 공통값이다 (α와 γ의 디폴트 값은 1). 이는 연결선 수가 많은 노드가 새 노드를 끌어올 가능성이 높음을 의미한다. 부익부 빈익빈인 것이다.

그림 6은 이와 같은 식으로 형성된 12개 노드의 네트워크이고 그림 7은 이 네트워크가 커져 50개 노드의 네트워크가 된 모습을 보여준다. 노드 0, 1, 2 등 '고참' 노드들이 허브가 되어 있다. 선점효과인 것이다.

그림 8은 노드 수 400(=n)의 Barabasi-Albert 네트워크이다. 다음은 400개 노드에 붙은 연결선 수의 분포이다. 400개 노드 중 279개 노드는 오직 1개의 연결선을 가질 뿐인데 노드 0, 1, 2에 전체 노드의 22%에 해당하는 89개 연결선이 붙었다.

연결선 수	1	2	3	4	5	6	7	8	10	13	22	23	44
그림 8 네트워크	279	49	29	12	9	5	7	3	1	3	1	1	1

다음은 그림 7, 6, 8의 Barabasi-Albert 네트워크 생성에 사용된 `R` 스크립트이다. `barabasi()` 함수를 사용하였다 (`alpha`=1, 디폴트 값).

```
# Monte-Carlo generation of Barabasi-Albert networks
```

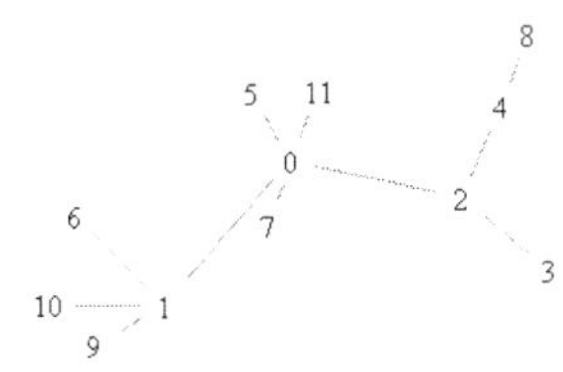

그림 6: Barabasi-Albert 네트워크, $n = 12$.

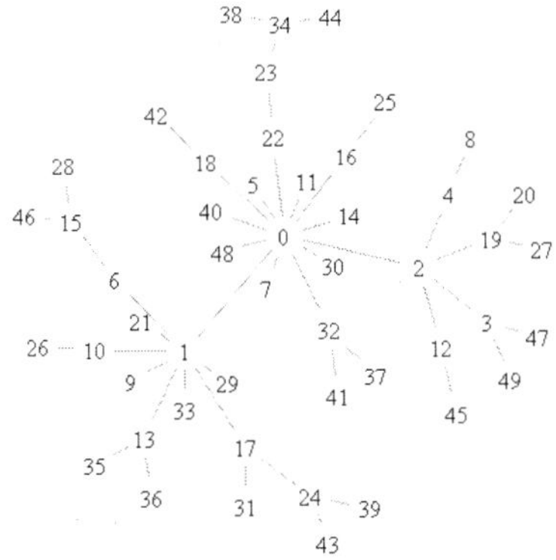

그림 7: Barabasi-Albert 네트워크, $n = 50$.

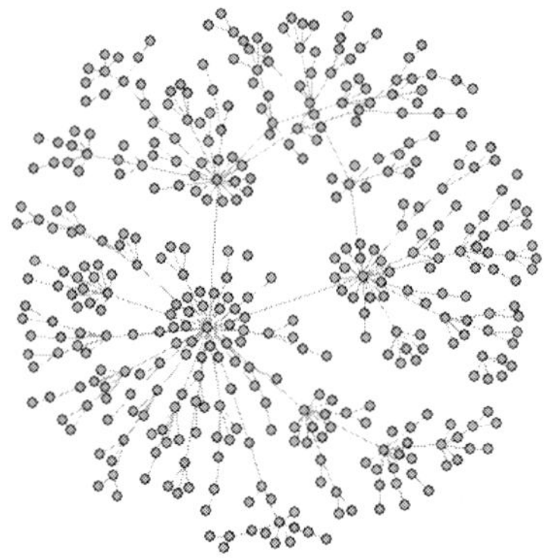

그림 8: Barabasi-Albert 네트워크, $n = 400$.

```
library(igraph)
n <- 50
set.seed(12345)
G <- barabasi.game(n,directed=F)
set.seed(1)
plot(G,layout=layout.fruchterman.reingold,vertex.shape="none",...=0.5)

# subgraph of size n1
n1 <- 12
E(G)$color <- c(rep("darkgrey",n1-1),rep("white",n-n1))
V(G)$label <- c(0:(n1-1),rep(NA,n-n1))
set.seed(1)
x11();
plot(G,layout=layout.fruchterman.reingold,vertex.shape="none",...=0.5)

# large network
n <- 400
set.seed(12345)
G <- barabasi.game(n,directed=F)
```

```
table(degree(G))
round(degree.distribution(G)*100,1)
set.seed(1)
plot(G,layout=layout.fruchterman.reingold,vertex.size=4,vertex.label="",
      edge.arrow.size=0.5)
```

3. 선호연결 노화 네트워크

선호연결 노화 네트워크(aging preference attachment network)는 Barabasi-Albert 네트워크와 마찬가지로 연결선 수가 많은 노드가 새 노드를 끌어올 가능성이 크다는 설정 하에서 임의 생성된다. 그런데 연결선 수뿐만 아니라 노드의 나이(age)도 고려되어 젊은 노드일수록 새 노드를 끌어올 가능성이 크다고 가정한다. 즉, 새 노드는 기존 네트워크의 n_1개 노드 중 1개 노드 $i\,(=1,\cdots,n_1)$에 다음 확률로 붙는다.

$$p_i \propto (a\,k[i]^{\alpha}+b)(c\,l[i]^{\beta}+d),$$

여기서 $k[i]$는 노드 i에 붙는 연결선 수, $\alpha\,(>0)$는 연결선 수의 거듭곱 수, $l[i]$는 노드의 나이, $\beta\,(\leq 0)$는 나이의 거듭곱 수이다. $\alpha=1$, $\beta=-1$이면 노드의 연결선 수에 비례하되 나이에는 반비례하는 확률로 새 노드를 끌어온다. a,b,c,d의 디폴트 값은 각각 1, 1, 1, 0이다.

그림 9는 β가 0인 경우로서 Barabasi-Albert 네트워크가 형성된다.

그림 10은 β가 -1인 경우이다. 따라서 나이의 역효과가 다소 나타날 것이다. 네트워크를 관찰해보면 오래 된 노드들에는 새 노드들이 잘 붙지 않는 현상을 관찰할 수 있다.

그림 11은 β가 -2인 경우이다. 나이의 역효과가 크게 나타나 거의 한 선을 따라 노드가 연결되는 모습이다.

다음은 선호연결 노화 네트워크 생성에 사용된 R 스크립트이다. `aging.prefatt.game()` 함수에서 `pa.exp`는 α를, `aging.exp`는 β를 일컫는다. 그리고 나이는 경과 단계를 `aging.bin`으로 나눈 값으로 정의된다.

```
# Monte-Carlo generation of preferential attachment and aging networks
library(igraph)
n <- 50
```

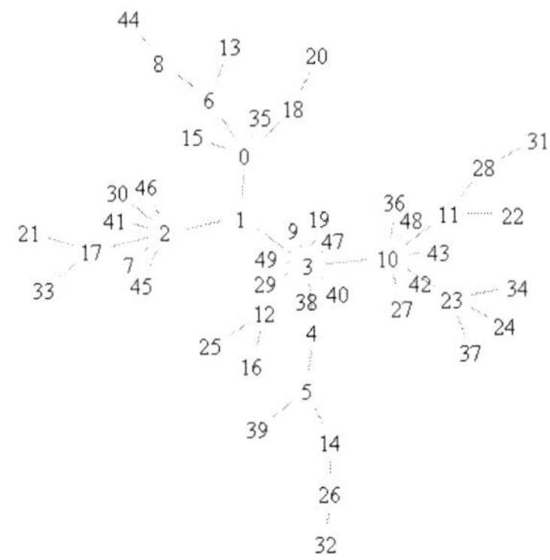

그림 9: 선호연결 노화 네트워크, $\beta = 0$.

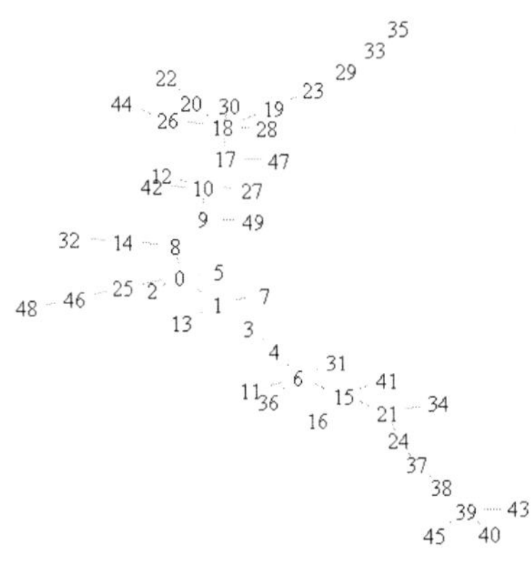

그림 10: 선호연결 노화 네트워크, $\beta = -1$.

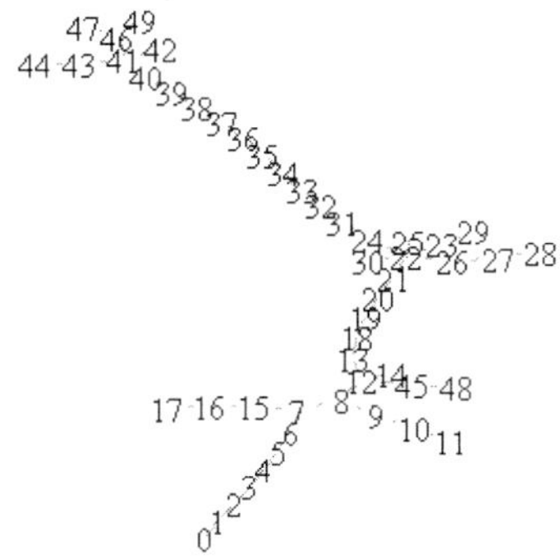

그림 11: 선호연결 노화 네트워크, $\beta = -2$.

```
set.seed(123)
G1 <- aging.prefatt.game(n,pa.exp=1,aging.exp= 0,aging.bin=100,directed=F)
G2 <- aging.prefatt.game(n,pa.exp=1,aging.exp=-1,aging.bin=100,directed=F)
G3 <- aging.prefatt.game(n,pa.exp=1,aging.exp=-2,aging.bin=100,directed=F)
plot(G1,layout=layout.kamada.kawai,vertex.shape="none",edge.arrow.size=0.5)
plot(G2,layout=layout.kamada.kawai,vertex.shape="none",edge.arrow.size=0.5)
plot(G3,layout=layout.kamada.kawai,vertex.shape="none",edge.arrow.size=0.5)
```

4. 산불 네트워크

기존 네트워크의 1개 노드에 불씨가 떨어져 불이 났다고 하자. 불은 그 노드에 그치지 않고 연결된 노드들에 옮겨져 번질 가능성이 있다. 전염병도 마찬가지이다.

연구자들의 문헌 인용하는 행태에서도 같은 현상이 발견된다. B 논문의 연구자가 A 논문을 인용하는 경우 연구자는 A 논문을 인용하는 데 그치지 않고 A 논문에 인용된 논문들 가운데 일부 논문들을 인용하여 쓰는 경향이 있다.

산불(forest fire) 네트워크는 다음 원리로 생성된다 (Lescovec et al., 2005).

1) 새 노드 B가 기존 네트워크의 임의 1개 노드 A에 연결된다 (A $\leftarrow$ B).

2) 노드 B가 노드 A의 순방향 연결 노드들 가운데 임의의 x개 노드에 추가 연결된다. 여기서, x는 평균이 $\frac{p}{1-p}$인 기하분포(geometric distibion)를 따르는 확률변수라고 가정된다. 즉,

$$P\{x\} = (1-p)\,p^x, \quad x = 0, 1, 2, \cdots .$$

가용 노드 수가 x보다 작은 경우에는 모든 노드들에 연결된다.

3) 노드 B가 노드 A의 역방향 연결 노드들 가운데 임의의 y개 노드에 추가 연결된다. 이 때, y는 평균이 $\frac{bp}{1-bp}$인 기하분포를 따른다고 가정된다 ($0 \le b \le 1$). 가용 노드 수가 y보다 작은 경우에는 모든 노드들에 연결된다.

igraph 팩키지에서 forest.fire.game() 함수의 용법은 다음과 같다.

forest.fire.game(n, fw.prob, bw.factor, directed=T),

여기서 n은 생성될 네트워크의 노드 수, fw.prob는 p, bw.factor는 b이다 (디폴트 bw.factor =1). directed (=T/F)는 생성될 네트워크의 방향성 유무이다.

그림 12는 노드 수 $n = 12$의 산불 네트워크이다 ($p = 0.4$). 그림 13은 이 네트워크가 커져 $50(= n)$개 노드를 갖게 된 상태를 보여준다. 12개 노드의 네트워크에서 연결선 수는 23개였으나 50개 노드의 네트워크에서는 연결선 수가 128개, 100개 노드의 네트워크에서는 504개로 증가하였다. 이처럼 노드 수 n이 커짐에 따라 연결선 수가 지수적으로 증가한다.

다음은 그림 13와 그림 12의 네트워크 생성에 사용된 R 스크립트이다.

```
# Monte-Carlo generation of 산불(forest fire) networks
library(igraph)
n <- 50
set.seed(12345)
G <- forest.fire.game(n,directed=F,fw.prob=0.4)
ecount(G)
set.seed(1)
plot(G,layout=layout.kamada.kawai,vertex.shape="none",edge.arrow.size=0.5)

# subgraph of size n1
n1 <- 12
```

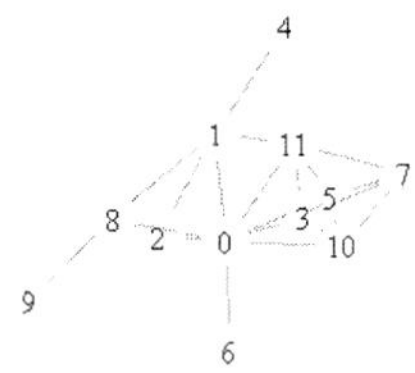

그림 12: 산불(forest fire) 네트워크, $n = 12$.

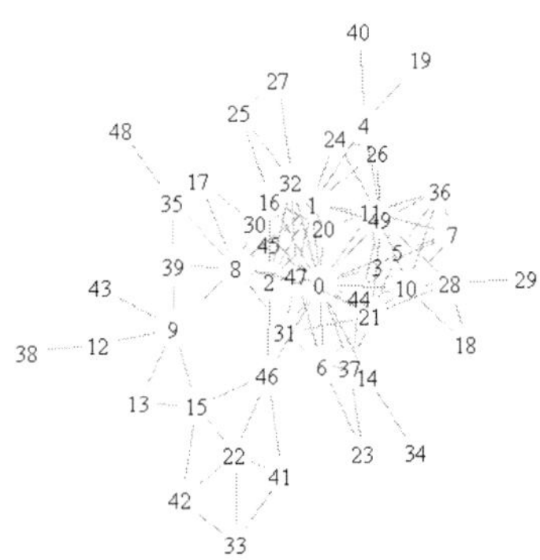

그림 13: 산불(forest fire) 네트워크, $n = 25$.

```
G1 <- induced.subgraph(G,1:n1)
n2 <- ecount(G1)
E(G)$color <- c(rep("darkgrey",n2),rep("white",ecount(G)-n2))
V(G)$label <- c(0:(n1-1),rep(NA,n-n1))
set.seed(1)
x11(); plot(G,layout=layout.kamada.kawai,vertex.shape="none",...=0.5)
```

참고문헌

- Watts, D.J. and Strogatz, S.H. (1998). Collective dynamics of 'small world' networks, *Nature*, 393, 440-442.
- Barabasi, A.-L. and Albert, R. (1999). Emergence of scaling in random networks, *Science*, 286, 509-512.
- Leskovec, J., Kleinberg, J. and Faloutsos, C. (2005). Graphs over time: densification laws, shrinking diameters and possible explanations. *KDD '05: Proceeding of the Eleventh ACM SIGKDD International Vonference on Knowledge Discovery in Data Mining*, 177-187.

연습문제

1. 노드 수 n=10, 근방 `nei`=2인 Watts-Strogatz 네트워크가 네 단계의 교체를 겪으며 어떻게 변화하는가를 살펴보라.
2. 연결선 수의 거듭곱 수 `alpha`=1.25인 경우 Barabasi-Albert 네트워크가 노드 수 n=12, 50, 400에서 어떤 상태가 되는가를 살펴보라.
3. 나이의 거듭곱 수 `aging.exp`=−1인 노드 수 n=50의 선호연결 노화 네트워크에서 `pa.exp`가 0, 1, 2로 바뀜에 따라 그래프 모습이 어떻게 변화하는가? (`aging.bin`=100).
4. `fw.prob`=0.5인 무방향 산불 네트워크는 `fw.prob`=0.4인 네트워크와 비교하여 어떻게 다른가?

10장. 네트워크 내 커뮤니티 COMMUNITIES IN A NETWORK

통상적으로 네트워크는 내적으로 연결도가 강한 다수의 '커뮤니티(community)'로 구성되어 있다. 이 장에서는 무방향(undirected) 사회네트워크 내 커뮤니티의 탐지 방법들을 소개한다. R의 `igraph` 팩키지를 활용할 것이다. [1]

1. 커뮤니티

어느 사회이든 내부적으로 구성원 간 결속력이 큰 몇 개의 '커뮤니티'가 형성되어 있다. 대학 동일학과 재학생 사회도 몇 개의 그룹이 있어 동일 그룹 내 학생들은 소통이 빈번하지만 소속 그룹이 다르면 서로 알지 못한다. 그러나 소수의 일부 학생들은 소속 그룹이 다른 학생들과 소통 관계에 있다. 예컨대 그림 1의 네트워크를 보자. 이 네트워크는 노드 0부터 6까지, 노드 7부터 13까지, 노드 14부터 20까지가 각기 그룹을 형성하는 경우인데, 각 그룹은 7개 노드가 12개 선으로 연결되어 있고 각 그룹은 타 그룹과 단일 선으로 연결되어 있을 뿐이다. 이와 같이 내적으로 밀도 있는 그룹을 커뮤니티(community)라고 한다.

주어진 사회네트워크를 커뮤니티로 분할하는 방법으로는 연결선 중개성 커뮤니티(edge betweenness community), 닫힌 길 커뮤니티(walktrap community), 빠른 찾기 커뮤니티(fast greedy community) 등 몇가지 방법이 있다. 2절, 3절과 4절에서 이들 방법에 대해 간략히 소개할 것이다.

네트워크로부터 커뮤니티를 도출한 결과는 '모듈화 지수(modularity index)' Q로 평가된다:

$$Q = \frac{1}{2m}\sum_{i=1}^{n}\sum_{j=1}^{n}(a_{ij} - \frac{k_i k_j}{2m})\,\delta(c_i, c_j).$$

여기서 a_{ij}는 네트워크 인접행렬 $\mathbf{A}$의 (i,j) 요소, n은 총 노드 수 $(i,j = 1,\cdots,n)$, $k_1,\cdots,k_n$은 개별 노드의 연결선 수(degree)로 합이 $2m$ (m은 네트워크의 양방향 연결선 수)이고, $c_1,\cdots,c_n$은 개별 노드가 소속된 커뮤니티, $\delta(c_i,c_j)$는 1/0 함수이다 (즉, $\delta(c',c'') = 1$ if $c' = c''$, $= 0$ otherwise).

[1] `igraph` 팩키지의 과거 버전에서는 노드의 시작번호가 0이었으나 버전 0.6 이후에서는 이것이 1로 바뀌었고 (2012년 6월) 이에 따라 일부 R 스크립트가 수정되었다.

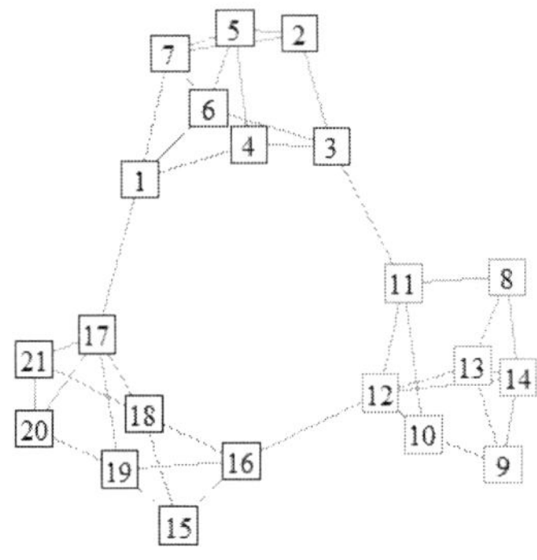

그림 1: 3개 커뮤니티의 네트워크 **G**

이와 같이 정의하는 이유는 행 주변합과 열 주변합이 주어진 경우 완전우연성 하에서 **A**의 (i,j) 요소 a_{ij}에 대한 기대값이 $k_i k_j/(2m)$이고 따라서 같은 커뮤니티에 속하는 노드 i와 j의 쌍에서

$$a_{ij} - \frac{k_i k_j}{2m}$$

이 큰 양의 값을 가질수록 모듈화(modularization)화된 정도가 크다고 볼 수 있기 때문이다. 모듈(module)은 독립적 기능을 갖는 단위 집합을 의미한다.

2. 연결선 중개성 커뮤니티

연결선 중개성(edge betweenness)은 2장에서 소개한 바 있는 노드 중개성(node betweenness)과 유사하게 정의된다. 즉 연결선(edge) e의 중개성 $D_B(e)$는 다음과 같다.

$$D_B(e) = \sum_i \sum_{j \neq i} \frac{g_{iej}}{g_{ij}}, \quad e = 1, \cdots, m.$$

여기서 g_{ij}는 노드 i에서 $j\,(\neq i)$로 가는 최단경로의 수이고$(i,j = 1,\cdots,n)$ g_{iej}는 노드 i에서 $j\,(\neq i)$로 가는 최단경로 가운데 연결선 e를 거치는 경로의 수이다. 그리고 m은 총 연결선 수이다.

이와 같은 정의에 따라 그림 1의 네트워크 **G**에 대하여 주요 연결선 중개성을 산출해보면 다음과 같다.

```
betweenness   edge no.   nodes
     54         [37]      15--11
     98         [36]      10-- 2
     49         [38]      16-- 0
      4         [29]      19--18
      5         [30]      18--16
      6         [25]      17--14
      .
      .
      .
```

이로부터, 중개성을 기준으로, 제거되어야 할 연결선은 순차적으로 노드 15와 11을 잇는 37번 선, 다음이 노드 10과 2를 잇는 36번 선이다. 그림 1의 네트워크 **G**에서 37번 선과 36번 선이 제거되었다고 하자. 그러면 노드 7부터 13까지 일곱 개 노드들의 집합이 노드 0부터 6까지, 노드 14부터 20까지 총 14개 노드들의 집합과 완전 분리된다. 그러면 노드 16과 0을 잇는 연결선 "16–0"의 중개성이 49가 되는데, 그 이유는 이 선이 노드 0부터 6까지 7개 노드 중 하나로부터 노드 14부터 20까지 7개 노드 중 하나에 이르는 데 있어 지나가야 할 경로이기 때문이다.

그 다음으로 제거되어야 할 연결선은 노드 16과 0을 잇는 38번 선이다. 이들 3개 연결선을 제거하면 그림 1의 네트워크 **G**가 3개의 비연결 집합, 즉 커뮤니티로 분할된다. 같은 식으로 연결선을 추가로 제거하면 커뮤니티 수가 점차 증가하여 최종 $21\,(= n)$개에 이른다.

각 단계에서 모듈화 지수를 구하여 그 추이를 보면 어느 단계에서 최적 커뮤니티 분할이 만들어지는지 알 수 있다. 즉, 목표는 모듈화 지수가 최대가 되는 첫 단계를 찾는 데 있다. 그림 2에서 **G**의 단계별 모듈화 지수를 보라.

그림 2의 지수 플롯에서는 3, 4, 5, 6 단계에서 모듈화 지수 값이 최대로 된다. 따라서 단계 3, 즉 3개의 연결선을 제거하여 생기는 네트워크가 모듈화가 가장 잘 된 상태이다. 그것은 노드 0부터 6까지의 커뮤니티 0, 노드 7부터 13까지의 커뮤니티 1, 노드 14부터 20까지의 커뮤니티 2이다. 그림 3 참조.

다음은 이 절의 분석에 사용된 R 스크립트이다 (http://igraph.wikidot.com/community-detection-in-r 참조).

```
# igraph communities: make-up example
```

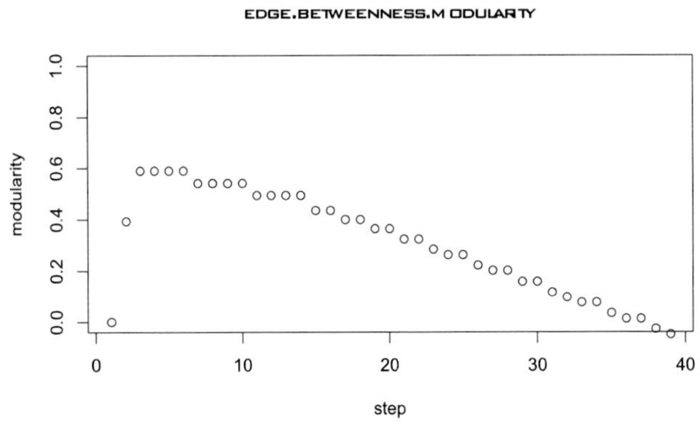

그림 2: **G**의 연결선 중개성 커뮤니티 모듈화 지수 플롯

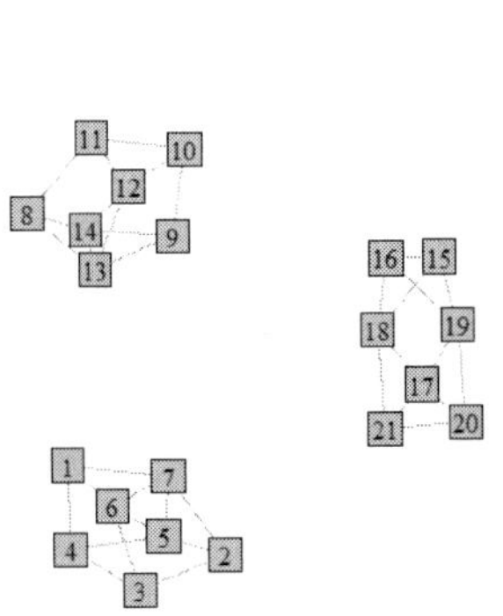

그림 3: 네트워크 **G**의 3개 커뮤니티

```
library(igraph)
G <- graph.disjoint.union(graph.atlas(1000),graph.atlas(1001),...(1002))
G <- add.edges(G,c(3,11,12,16,17,1))
plot(G,vertex.shape="square",layout=layout.fruchterman.reingold,
         vertex.frame.color=rainbow(3)[c(rep(1,7),rep(2,7),rep(3,7))],
            vertex.color="white")

# edge.betweenness.community
edge.betweenness <- edge.betweenness.community(G)
as.matrix(round(edge.betweenness$edge.betweenness),ncol=1)
E(G)[edge.betweenness$removed.edges]
mods <- sapply(1:ecount(G),function(i) {
 G2 <- delete.edges(G,edge.betweenness$removed.edges[seq(length=i)])
 cl <- clusters(G2)$membership
 modularity(G,cl)
})
plot(mods,ylim=c(0,1),xlab="step",ylab="modularity",main="edge.betw..")
G2 <- delete.edges(G,edge.betweenness$removed.edges[1:(which.max(mods))])
clusters(G2)$membership
x11(); plot(G2,vertex.shape="square",layout=layout.fruchterman.reingold)
```

이 방법이 요구하는 계산량 등 세부적 사항은 Newman and Girvan (2004)에서 찾아보라.

3. 닫힌 길 커뮤니티

네트워크 상 임의노드에서 출발하여 인접노드로 임의보행(random walk) 하는 경우 일정시간 이내에서는 네트워크의 한 부분에서만 머문다면 그런 일부분는 1개의 커뮤니티일 것이다. 닫힌 길 커뮤니티(walktrap community)는 특정한 두 노드에서 시작된 2명의 독립적 임의보행자가 일정시간 후에 특정 노드에 머물 확률이 얼마나 유사한지를 산출하여 네트워크내 커뮤니티를 찾아내는 방법을 쓴다. Pons and Latapy (2005) 참조.

이 방법은 노드들의 병합을 통해 순차적으로 커뮤니티 수를 줄이면서 개별 커뮤니티 크기를 키워간다. 즉, 처음에는 개별 노드가 각각 커뮤니티인 상태에서 출발한다 (단계 0, 커뮤니티 수 n). 첫번째 단계에서 2개 노드가 병합되는데 이로써 커뮤니티는 $n-1$개가 된다. 그리고 두번째 단계에서 다시 한 차례의 병합으로 커뮤니티는 $n-2$개가 된다. 마지막은 단계 $n-1$이며 네트워크는 1개의 커뮤니티가 된다. 단계별로 모듈화 지수를 산출하고 그 가운데 가장 큰 값을 갖는 단계에서 최적 커뮤니티 분할을 얻어낸다.

다음은 그림 1의 네트워크 $\mathbf{G}$에 대하여 닫힌 길 커뮤니티 알고리즘이 찾아낸 노드 $0, 1, \cdots, 20$의 병합 과정이다.

```
Step    merging nodes
  1      12   13
  2      19   20
  3       4    6
  .
  .
  .
 18      32   34
 19      36   38
 20      37   39
```

제1단계에서는 노드 12와 13이 병합되고 병합 노드는 노드 21(= n)이 된다. 제2단계에서는 노드 19와 20이 병합되고 병합 노드는 노드 22가 된다. 제3단계에서는 노드 4와 6이 병합되고 병합 노드는 노드 23이 된다. [중간생략] 제18단계에서는 노드 32와 34가 병합되고 병합 노드는 노드 38이 된다. 제19단계에서는 노드 36과 38이 병합되고 병합 노드는 노드 39가 된다. 마지막으로 제20단계에서는 노드 37과 39가 병합된다.

그림 4는 각 단계에서 산출된 모듈화 지수를 보여준다. 단계 18(= $n-3$)에서 지수 값이 최대이다. 이에 따라 최적 커뮤니티 수는 3으로 결정된다. 이로부터 만들어지는 커뮤니티는 연결선 중개성 방법의 결과와 같다. 그림 3 참조.

다음은 이 절의 분석에 사용된 R 스크립트이다.

```
# walktrap communities
walktrap <- walktrap.community(G,merges=T,modularity=T)
plot(walktrap$modularity[2:vcount(G)],ylim=c(0,1),
         xlab="step",ylab="modularity",main="walktrap.modularity")
walktrap.membership <- community.to.membership(G,walktrap$merges,
         steps=which.max(walktrap$modularity)-1)
walktrap$modularity)-1
```

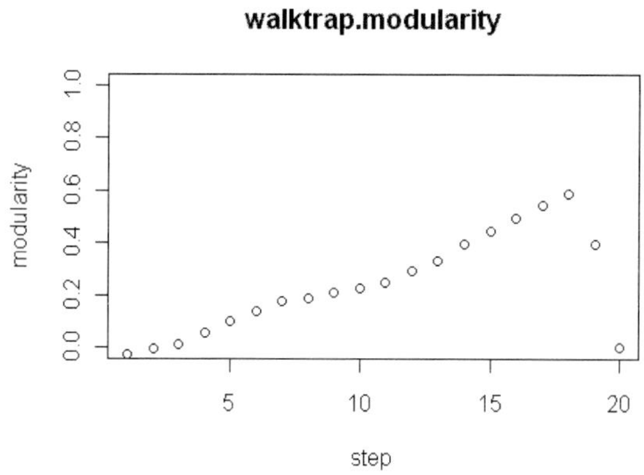

그림 4: **G**의 닫힌 길 커뮤니티 모듈화 지수 플롯

```
max(walktrap.membership$membership)+1
walktrap.membership
```

4. 빠른 찾기 커뮤니티

빠른 찾기 커뮤니티(fast greedy community)는 모듈화 지수를 직접 최대화하는 노드 병합의 단계를 단순 반복하여 빠르게 커뮤니티를 찾는 방법이다 (Clauset, Newman and Moore, 2004).

그림 5는 그림 1의 네트워크 **G**에 대하여 각 단계에서 산출된 모듈화 지수를 보여준다. 단계 18($= n - 3$)에서 지수 값이 최대이다. 이에 따라 최적 커뮤니티 수는 3으로 결정된다. 이로부터 만들어지는 커뮤니티는 닫힌 길 방법의 결과와 같다. 그림 3 참조.

다음은 이 절의 분석에 사용된 R 스크립트이다.

```
# fastgreedy communities
fast.greedy <- fastgreedy.community(G,merges=T,modularity=T)
plot(fast.greedy$modularity[2:vcount(G)],ylim=c(0,1),
       xlab="step",ylab="modularity",main="fast.greedy.modularity")
fast.greedy.membership <- community.to.membership(G,fast.greedy$merges,
```

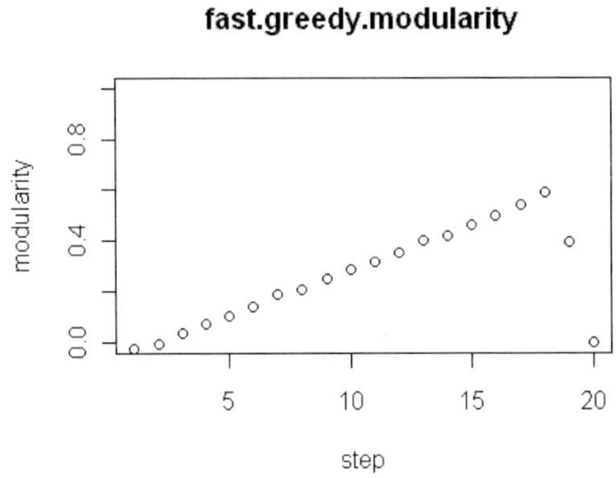

그림 5: **G**의 빠른 찾기 커뮤니티 모듈화 지수 플롯

```
            steps=which.max(fast.greedy$modularity)-1)
which.max(fast.greedy$modularity)-1
max(fast.greedy.membership$membership)+1
fast.greedy.membership
```

5. `faux.magnolia.high` **사례**

`faux.magnolia.high`(=FMH) 네트워크는 고등학교 학생 1,461명(= n) 간 상호적 친구 관계(friendship)에 관한 사례이다. 이 네트워크에서 가장 큰 컴포넌트는 439명으로 구성된다(8장 6절). 여기서는 FMH 네트워크의 가장 큰 컴포넌트(439개 노드, 573개 연결선)에서 최적 커뮤니티 분할을 찾아내고자 한다.

연결선 중개성 커뮤니티. 그림 6의 모듈화 지수 플롯이 총 573 (= m)개 단계에 걸친 연결선 제거의 결과를 보여준다. 그 중 26번째 단계에서 모듈화 지수가 0.90을 기록하였고 네트워크는 19개 커뮤니티로 분할되었다. 그림 7 참조 (실제 R 그래프는 개별 커뮤니티에 무지개 스펙트럼에 따른 칼러가 부여되어 나타난다).

닫힌 길 커뮤니티. 그림 8의 모듈화 지수 플롯이 총 438개 단계에 걸친 노드병합의 결과를 보여준다. 그 중 395번째 단계에서 모듈화 지수가 0.86을 기록하였고 네트워크는 44(=439-395)개 커뮤니티로 분할되었다. 그림 9 참조.

그림 6: 연결선 중개성 커뮤니티 지수 플롯

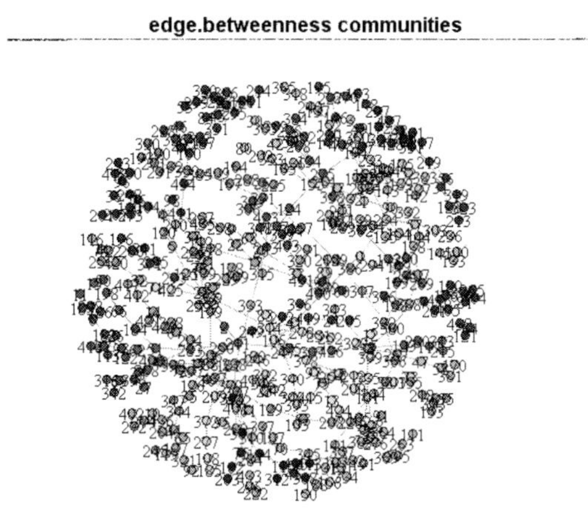

그림 7: 연결선 중개성 19개 커뮤니티

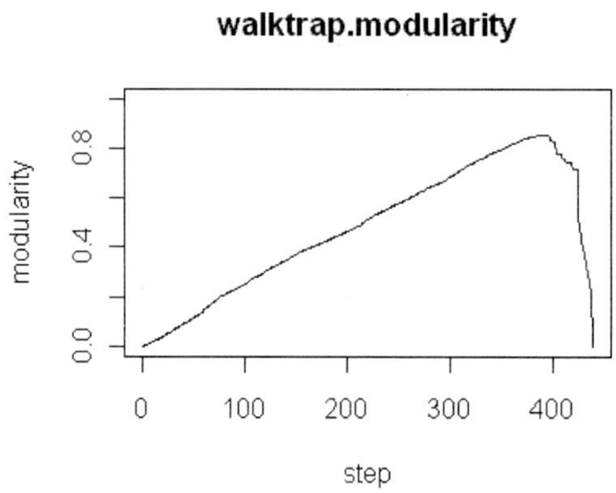

그림 8: 닫힌 길 커뮤니티 지수 플롯

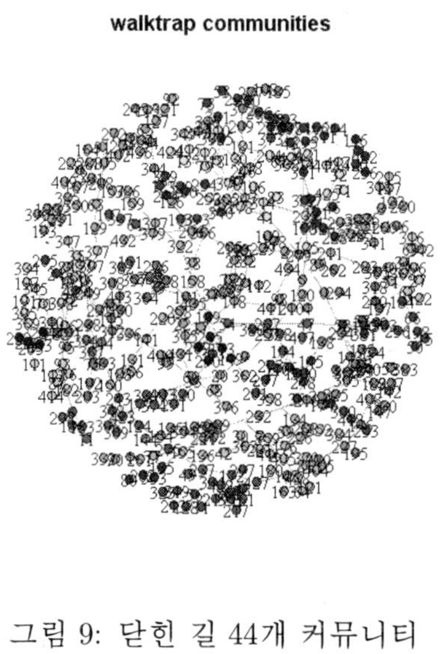

그림 9: 닫힌 길 44개 커뮤니티

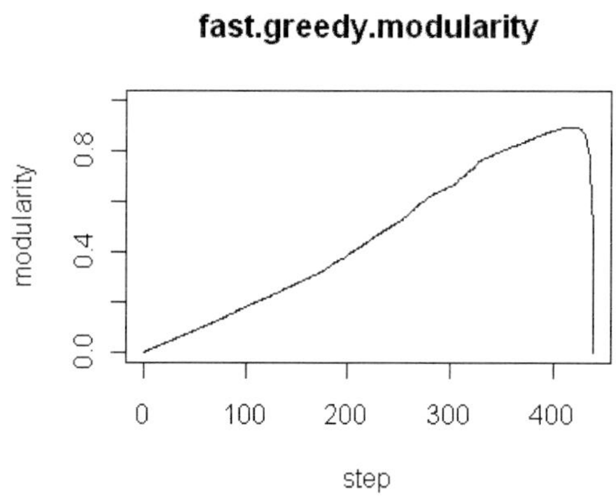

그림 10: 빠른 찾기 커뮤니티 지수 플롯

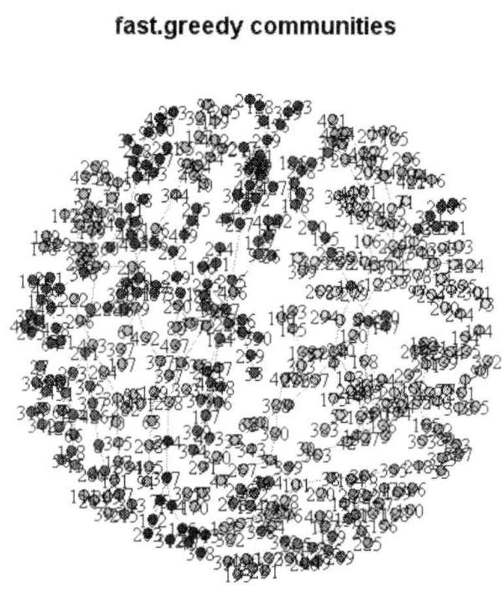

그림 11: 빠른 찾기 22개 커뮤니티

빠른 찾기 커뮤니티. 그림 10의 모듈화 지수 플롯이 총 438개 단계에 걸친 노드병합의 결과를 보여준다. 그 중 417번째 단계에서 모듈화 지수가 0.90을 기록하였고 네트워크는 22(=439-417)개 커뮤니티로 분할되었다. 그림 11 참조.

다음은 이 절의 분석에 사용된 R 스크립트이다.

```
# igraph communities: faux.magnolia.high friendship network
library(igraph)

FMH.edgelist <- as.matrix(read.table("FMH.txt",header=F),ncol=2)
FMH <- graph.edgelist(FMH.edgelist,directed=F)
components <- clusters(FMH)$membership
V1 <- (1:vcount(FMH))[components==which.max(table(components))]
G <- subgraph(FMH,V1)

# edge.betweenness.community
edge.betweenness <- edge.betweenness.community(G)
mods <- sapply(1:ecount(G),function(i) {
  G2 <- delete.edges(G,edge.betweenness$removed.edges[seq(length=i)])
  cl <- clusters(G2)$membership
  modularity(G,cl)
})
plot(mods,ylim=c(0,1),type="l",xlab="step",ylab="modularity",
       main="edge.betweenness.modularity")
max(mods)
G2 <- delete.edges(G,edge.betweenness$removed.edges[1:which.max(mods)])
which.max(mods)
edge.betweenness$membership <- clusters(G2)$membership
k <- max(edge.betweenness$membership)+1
edge.betweenness$membership
k
V(G)$color <- rainbow(k)[edge.betweenness$membership+1]
x11(); plot(G,layout=layout.fruchterman.reingold,vertex.size=5,
       main="edge.betweenness communities")

# walktrap communities
walktrap <- walktrap.community(G,merges=T,modularity=T)
plot(walktrap$modularity[2:vcount(G)],type="l",ylim=c(0,1),
      xlab="step",ylab="modularity",main="walktrap.modularity")
walktrap.membership <- community.to.membership(G,walktrap$merges,
      steps=which.max(walktrap$modularity)-1)
which.max(walktrap$modularity)-1
```

```
max(walktrap$modularity)
k <- max(walktrap.membership$membership)+1
walktrap.membership
k
V(G)$color <- rainbow(k)[walktrap.membership$membership+1]
x11(); plot(G,layout=layout.fruchterman.reingold,
       main="walktrap communities",vertex.size=5)

# fastgreedy communities
fast.greedy <- fastgreedy.community(G,merges=T,modularity=T)
x11(); plot(fast.greedy$modularity[2:vcount(G)],type="l",ylim=c(0,1),
       xlab="step",ylab="modularity",main="fast.greedy.modularity")
fast.greedy.membership <- community.to.membership(G,fast.greedy$merges,
       steps=which.max(fast.greedy$modularity)-1)
which.max(fast.greedy$modularity)-1
max(fast.greedy$modularity)
k <- max(fast.greedy.membership$membership)+1
fast.greedy.membership
k
V(G)$color <- rainbow(k)[fast.greedy.membership$membership+1]
x11(); plot(G,layout=layout.fruchterman.reingold,
       main="fast.greedy communities",vertex.size=5)
```

참고문헌

- Clauset, A., Newman, M.E.J. and Moore, C. (2004). Finding community structure in very large networks, http://www.arxiv.org/abs/cond-mat/0408187.

- Newman. M. and Girvan, M. (2004). Finding and evaluating community structure in networks, *Physical Review* E 69, 066133.

- Pons, P. and Latapy, M. (2005). Computing communities in large networks using random walks, http://arxiv.org/abs/physics/0512106.

연습문제

1. Karate 네트워크(8장 연습문제 1, $n = 34$)에서 적정 수의 커뮤니티를 연결선 중개성, 닫힌 길, 빠른 찾기 방법으로 찾아보라.

부록: R 입문 Introduction to R

R은 무료로 사용할 수 있는 open source의 통계 계산 및 그래픽스를 위한 소프트웨어이다. 이 부록에서는 R의 첫 걸음 사용자를 위하여 R과 관련 팩키지의 설치 방법, 기본 용법, 출력 그래프의 활용 방법 등을 설명하고자 한다.

1. R 프로그램의 설치

사회네트워크분석(SNA)을 위해 R을 사용하려면 base와 함께 특수 목적으로 개발된 package가 추가로 설치되어야 한다. 이들은 R Project for Statistical Computing의 홈 페이지 `http://www.r-project.org`에서 내려 받을 수 있다 (그림 1 참조).

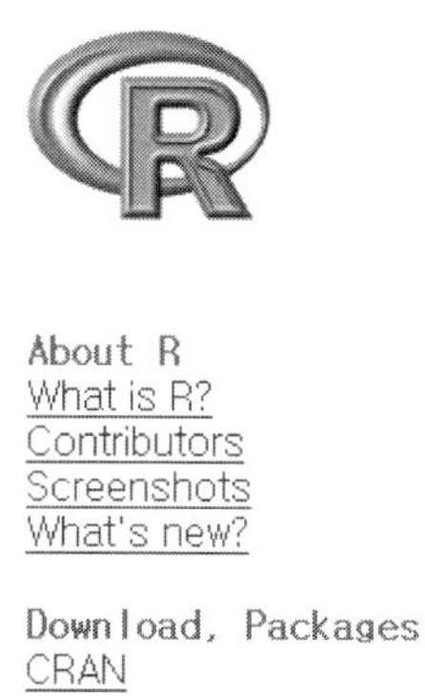

그림 1: `http://www.r-project.org`

R Project 홈 페이지의 왼쪽 한 편에 CRAN(Comprehensive R Archive Network) 아카이브가 있는데 이곳에 R 프로그램들이 쌓여 있다. CRAN은 전 세계 여러 곳에 mirror site가 있으며 우리나라(Korea)는 `http://bibs.snu.ac.kr/R/`에 있다.

CRAN에 들어가면 Linux, MacOS X, Windows 사용자로 분류되는데 이하 Windows가 선택되었음을 가정한다. 2010년 6월 현재 가장 최신의 Windows R 기본 프로그램의 버전은 R 2.11.1이다. 제대로 설치된 경우 바탕화면에서 R 아이콘을 클릭함으로써 R 시스템이 작동된다. R Gui 화면은 파일(File), 편집(Edit), 보

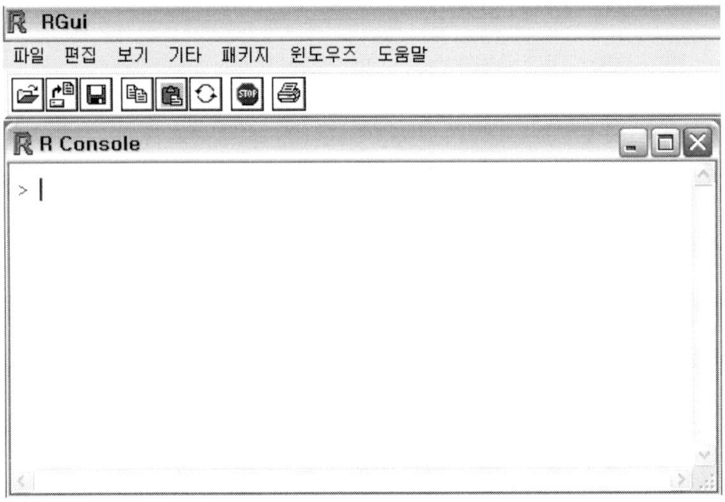

그림 2: R Gui 화면

기(View), 기타(Misc), 팩키지(Packages), 윈도우즈(Windows), 도움말(Help) 등의 기본 메뉴로 구성되어 있다 (그림 2 참조).

CRAN 아카이브에는 R 기본 프로그램 외에 다수의 개발자들이 만들어 기고한 팩키지 프로그램과 매뉴얼이 있다. 예컨대 sna, igraph, ergm 등이다.

팩키지를 설치하는 가장 쉬운 방법은 다음과 같다. 그림 2의 R Gui 화면에서 팩키지 메뉴에 들어간다. 팩키지 메뉴에서 팩키지 인스톨(Install Packages)을 선택하면 CRAN mirror를 지정하게 되어 있고 이것을 지정하면 팩키지 리스트가 나온다. 리스트에서 사용자가 원하는 팩키지, 예컨대 sna를 선택하면 된다.

2. R 스크립트 작성과 실행

R은 기본적으로 스크립트(원고, 텍스트)를 작성하고 이것을 실행하는 방식으로 작동된다. 초보 사용자들은 이 때문에 어려움을 느끼지만 조금만 경험을 쌓으면 이 방식이 효율적이고 전문적이라는 것을 알 수 있다.

R Gui 화면에서 파일(File) 메뉴에 들어가 새로운 스크립트(New script)를 선택하면 빈 R 편집창(Editor)이 열린다. 여기에 이 책 곳곳에 제시된 R 스크립트를 그대

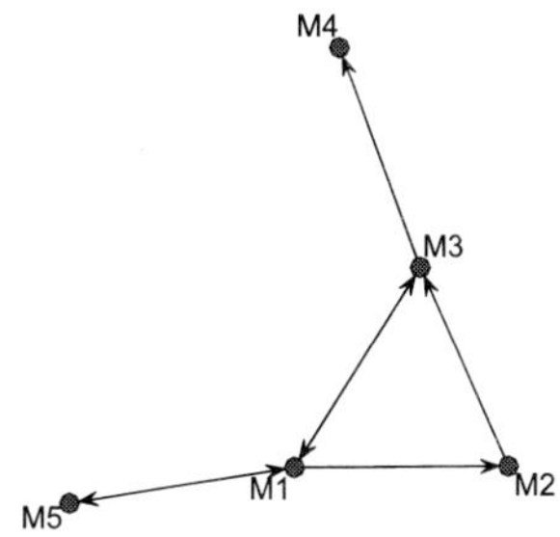

그림 3: 네트워크 **A**의 그래프

로 타이핑한다. 이렇게 스크립트가 만들어지면 전체 또는 일부를 선택하여 실행한다 (실행: 마우스 오른쪽 버튼 단축메뉴 활용 또는 `Ctrl+R`).

첫번째 연습으로 1장 2절에서 작성된 다음 `R` 스크립트를 타이핑하고 실행시켜보라.

```
library(sna)
A <- matrix(c(0,1,1,0,1,
              0,0,1,0,0,
              1,0,0,1,0,
              0,0,0,0,0,
              1,0,0,0,0),byrow=T,nrow=5)
rownames(A) <- c("M1","M2","M3","M4","M5")
colnames(A) <- c("M1","M2","M3","M4","M5")
A
gplot(A,displaylabels=T,boxed.labels=F,vertex.cex=2,arrowhead.cex=2)
```

제대로 되었다면 `R Console` 창에 다음과 같이 실행 로그와 출력이 나타날 것이다.

```
> library(sna)
> A <- matrix(c(0,1,1,0,1,
+               0,0,1,0,0,
+               1,0,0,1,0,
+               0,0,0,0,0,
+               1,0,0,0,0),byrow=T,nrow=5)
```

```
> rownames(A) <- c("M1","M2","M3","M4","M5")
> colnames(A) <- c("M1","M2","M3","M4","M5")
> A
   M1 M2 M3 M4 M5
M1  0  1  1  0  1
M2  0  0  1  0  0
M3  1  0  0  1  0
M4  0  0  0  0  0
M5  1  0  0  0  0
> gplot(A,displaylabels=T,boxed.labels=F,vertex.cex=2,arrowhead.cex=2)
```

또한 R Graphics 창이 새로 열리면서 그림 3이 나타난다 (1장 1절의 그림 1). 그래프는 추후 활용을 위해서 창의 크기를 알맞게 조정한 다음 bitmap으로 copy, 또는 postscript로 save한다.

R Graphics 창의 디폴트 크기는 가로와 세로가 모두 7 인치이다. 그러나 이것을 특정 크기(5 인치)로 지정하기 위해서는 gplot()의 앞 줄에 다음을 삽입한다.

```
x11(width=5,height=5)
```

이후 다른 gplot()이 실행되는 경우 R Graphics 창에 있던 기존 그래프가 없어지고 새 것이 나타난다. 옛 것을 살려 놓으려면 gplot()의 앞 줄에 다음을 넣어 두어야 한다 (괄호 안에 창의 크기를 지정해도 좋다).

```
x11()
```

성공적으로 실행된 R 스크립트는 후일을 위하여 save해 둔다. 그 방법은 다음과 같다. R 편집창(Editor)을 활성화시켜 놓고 R Gui의 파일(File) 메뉴에서 '다른 이름으로 저장(Save as)'한다. 이 때 파일의 확장자는 r로 한다 (예컨대 simple example 1.r).

기작성된 스크립트는 R Gui의 파일(File) 메뉴에서 '스크립트 열기(Open script)'로 R 편집창(Editor)에 띄울 수 있다.

외부에 있는 데이터 파일을 읽기 위해서는 R Gui의 작업 디렉토리를 사전에 변경해야 한다. 그 방법은 1) 파일(File) 메뉴에서 '디렉토리 변경(Change directory to)'을 하거나 2) 스크립트에 setwd("G:\\Datasets")를 넣어두는 것이다 (데이터 파일이 G 드라이브의 Datasets 디렉토리에 있는 경우). 현재 작업 디렉토리가 어디에 있는가를 알기 위해서는 R Console에서 getwd()를 실행한다.

3. 벡터와 행렬

벡터(vector)는 R에서 수치 열이다. 예를 들어 열 벡터 $\mathbf{a} = (1, 1, 1, 2, 3)^t$는 R에서 다음과 같이 입력된다.

```
a <- c(1, 1, 1, 2, 3)
```

실제로 R은 열 벡터와 행 벡터를 구분하지 않는다. 따라서 앞의 **a**는 상황에 따라서 행 벡터로 간주되기도 한다.

행렬(matrix)은 R에서 수치 열의 사각형 배열이다. 이때, 행의 수(nrow) 또는 열의 수(ncol)가 지정되어야 하고 배열 순서가 행에 따르는지(byrow) 아니면 열에 따르는지(bycol)가 명시되어야 한다. 예컨대 5×2 행렬

$$\mathbf{B} = \begin{pmatrix} 1 & 2 \\ 3 & 4 \\ 5 & 6 \\ 7 & 8 \\ 9 & 10 \end{pmatrix}$$

은 R에서 다음과 같이 입력된다.

```
B <- matrix(c(1, 2, 3, 4, 5, 6, 7, 8, 9, 10), nrow=5, byrow=T)
```

또는 다음과 같이 스크립트를 쓰기도 하는데 이는 보기 좋게 하기 위해서이다.

```
B <- matrix(c(1, 2,
              3, 4,
              5, 6,
              7, 8,
              9,10), nrow=5, byrow=T)
```

벡터와 행렬, 행렬과 행렬의 곱을 나타내는 R 연산자는 '%*%'이다. 이에 따라 $\mathbf{a}^t\mathbf{B}$와 $\mathbf{B}^t\mathbf{a}$를 계산하기 위한 R 스크립트는 다음과 같다.[1]

```
> a %*% B          # (= t(a) %*% B)
     [,1] [,2]
[1,]   50   58
```

1 수학에서 위첨자 t는 전치(transpose)를 나타내고 t()는 전치를 나타내는 R 함수이다.

```
> t(B) %*% a
     [,1]
[1,]   50
[2,]   58
```

R에서 B*a는 행렬 $\mathbf{B}$의 행(row)에 $\mathbf{a}$의 각 요소를 곱하여 $\mathbf{B}$와 같은 크기의 행렬을 산출해낸다. a*B도 마찬가지이다.[2] 즉,

```
> a * B
     [,1] [,2]
[1,]    1    2
[2,]    3    4
[3,]    5    6
[4,]   14   16
[5,]   27   30
```

벡터 $\mathbf{d}$가 $(1, 2)$로 정의되었다고 하자. R에서 B*d는 행렬 $\mathbf{B}$의 열(column)에 $\mathbf{d}$의 각 요소를 곱하여 $\mathbf{B}$와 같은 크기의 행렬을 산출해낸다. d*B도 마찬가지이다.[3] 즉,

```
> d <- c(1, 2)
> d * B
     [,1] [,2]
[1,]    1    4
[2,]    6    4
[3,]    5   12
[4,]   14    8
[5,]    9   20
```

비특이행렬(정칙행렬, nosingular matrix)에 대한 역행렬을 구하는 R 함수는 solve()이다. 예컨대 $\mathbf{C} = \mathbf{B}^t\mathbf{B}$의 역행렬 $\mathbf{C}^{-1}$는 다음과 같이 구해진다.

```
> C <- t(B) %*% B
> solve(C)
      [,1]   [,2]
[1,]  1.10 -0.950
[2,] -0.95  0.825
```

2 a의 길이는 B의 행 수와 같다
3 d의 길이는 B의 열 수와 같다

한편, $1/\mathbf{C}$는 요소별 역(elementwise inverse)으로 구성된 정사각행렬이다.

```
> C
     [,1] [,2]
[1,]  165  190
[2,]  190  220
>
> 1/C
            [,1]        [,2]
[1,] 0.006060606 0.005263158
[2,] 0.005263158 0.004545455
```

R에서 diag()는 정사각행렬에 대하여 적용되는 경우에는 대각선 요소를 추출하여 벡터를 돌려주고 벡터에 적용되는 경우에는 그 벡터를 대각선 요소로 하는 대각행렬(diagonal matrix)을 돌려준다. 예컨대

```
> diag(C)
[1]  165  220
>
> diag(diag(C))
     [,1] [,2]
[1,]  165    0
[2,]    0  220
```

$n \times n$ 정사각행렬 $\mathbf{A}$에 대하여 어떤 수 λ와 $n \times 1$ 벡터 $\mathbf{x}$가

$$\mathbf{A}\,\mathbf{x} = \lambda\,\mathbf{x}$$

를 만족할 때 λ와 $\mathbf{x}$를 각각 $\mathbf{A}$의 고유값(eigenvalue)과 고유벡터(eigen vector)라고 한다. 통상, $\mathbf{x}$는 크기(norm)가 1이 되도록 척도화된다. 즉, $\mathbf{x}^t\mathbf{x} = 1$.

수학적으로 알려진 바에 의하면, 대칭행렬(symmetric matrix) $\mathbf{A}$의 고유값은 실수이다. $\mathbf{A}$가 비대칭인 경우 실수 고유값이 존재하지 않을 수 있다. 그러나 SNA의 인접행렬(adjacency matrix)과 같이 모든 요소가 비음(非陰, non-negative)인 정사각행렬 $\mathbf{A}$에 대하여는 실수 고유값이 적어도 1개가 존재하고 그 중 가장 큰 것에 대응하는 고유벡터는 모든 요소가 비음의 실수이다 [Perron-Frobenius 정리].

한 예로서 다음 10×10 행렬에 대한 고유값과 고유벡터를 구해보기로 하자 (Knoke의 정보 네트워크, 2장 참조).

$$\mathbf{A} = \begin{pmatrix} 0 & 1 & 0 & 0 & 1 & 0 & 1 & 0 & 1 & 0 \\ 1 & 0 & 1 & 1 & 1 & 0 & 1 & 1 & 1 & 0 \\ 0 & 1 & 0 & 1 & 1 & 1 & 1 & 0 & 0 & 1 \\ 1 & 1 & 0 & 0 & 1 & 0 & 1 & 0 & 0 & 0 \\ 1 & 1 & 1 & 1 & 0 & 0 & 1 & 1 & 1 & 1 \\ 0 & 0 & 1 & 0 & 0 & 0 & 1 & 0 & 1 & 0 \\ 0 & 1 & 0 & 1 & 1 & 0 & 0 & 0 & 0 & 0 \\ 1 & 1 & 0 & 1 & 1 & 0 & 1 & 0 & 1 & 0 \\ 0 & 1 & 0 & 0 & 1 & 0 & 1 & 0 & 0 & 0 \\ 1 & 1 & 1 & 0 & 1 & 0 & 1 & 0 & 0 & 0 \end{pmatrix}.$$

R을 써서 이 행렬의 제1 고유값과 고유벡터를 구해보기로 한다. 정사각행렬에 대한 고유값과 고유벡터를 구하는 R 함수는 eigen()이다.

```
# Knoke's information network (Hanneman and Riddle, 2005)
A <- as.matrix(read.table("knoke-infor-0.txt",header=F))
round(eigen(A)$values[1],4)
round(eigen(A)$vectors[,1],4)
```

round(*number*, *k*)는 *number*를 소숫점 이하 k 자리를 갖도록 반올림한다. R Console에 나타난 로그와 출력은 다음과 같다 (소숫점 이하 4자리).

```
> round(eigen(A)$values[1],4)
 [1] 5.1622+0i
> round(eigen(A)$vectors[,1],4)
 [1] -0.2540+0i -0.4120+0i -0.3574+0i -0.2620+0i -0.4657+0i
 [6] -0.1532+0i -0.2208+0i -0.3540+0i -0.2128+0i -0.3312+0i
```

여기서 $a + bi$는 복소수로서 a가 실수부이고 b가 허수부이다 ($i = \sqrt{-1}$). 그런데 위의 출력에서는 모든 b가 0이므로 제1 고유값과 고유벡터 요소들이 모두 실수이다. 다만 제1 고유벡터의 모든 요소가 음수인데 $\mathbf{x}$가 고유벡터이면 $-\mathbf{x}$도 고유벡터이므로 실제로 제1 고유벡터가 다음과 같이 얻어진다 (소숫점 이하 2자리).

```
> round(as.real(-eigen(A)$vectors[,1]),2)
 [1] 0.25 0.41 0.36 0.26 0.47 0.15 0.22 0.35 0.21 0.33
```

$\mathbf{A}$가 비대칭인 경우, $\mathbf{A}^t$의 고유값-고유벡터는 $\mathbf{A}$의 고유값-고유벡터와 다르다.

4. apply(), sapply(), 루프와 사용자 함수

R의 apply()는 행렬에 대한 함수로서 매우 유용하다. 일반적 용법은 다음과 같다.

$$\texttt{apply}(matrix, k, function)$$

여기서 $k = 1$은 $matrix$의 행에, $k = 2$는 $matrix$의 열에 $function$이 적용됨을 의미한다. 예로서 2절의 행렬 $\mathbf{A}$에 대하여 행 합계와 열 합계를 구해보자.

```
A <- as.matrix(read.table("knoke-infor-0.txt",header=F))
rownames(A) <- colnames(A)
apply(A,1,sum)
apply(A,2,sum)
```

그 결과는 다음과 같다.

```
> apply(A,1,sum)
 V1  V2  V3  V4  V5  V6  V7  V8  V9 V10
  4   7   6   4   8   3   3   6   3   5
> apply(A,2,sum)
 V1  V2  V3  V4  V5  V6  V7  V8  V9 V10
  5   8   4   5   8   1   9   2   5   2
```

R의 sapply()는 벡터 처리 기능이 뛰어나다. 일반적 용법은 다음과 같다.

$$\texttt{sapply}(vector, function, \cdots)$$

이 함수는 $vector$에 $function$을 적용한다. 이 함수에 인수(argument)가 있는 경우에는 '$\cdots$'에 넣는다. 다음 예를 보자.

```
> sapply(seq(0.1,0.9,0.2), function(x) x*x)
[1] 0.01 0.09 0.25 0.49 0.81
> sapply(seq(0.1,0.9,0.2), function(x,k) x^k, 3)
[1] 0.001 0.027 0.125 0.343 0.729
```

여기서 seq(a,b,c)는 a부터 b까지 간격 c의 수치 열이다 (seq(0.1,0.9,0.2)는 c(0.1,0.3,0.5,0.7,0.9)와 같다). 첫번째 sapply()는 $(0.1^2, 0.3^2, 0.5^2, 0.7^2, 0.9^2)$을 만들어내고 두번째 sapply()는 $(0.1^3, 0.3^3, 0.5^3, 0.7^3, 0.9^3)$을 만들어낸다.

다음 예를 보고 해석해보라 (힌트: rep(v,k)는 v를 k번 반복하는 함수이다).

```
> sapply(seq(0.1,0.9,0.2), rep, 5)
     [,1] [,2] [,3] [,4] [,5]
[1,]  0.1  0.3  0.5  0.7  0.9
[2,]  0.1  0.3  0.5  0.7  0.9
[3,]  0.1  0.3  0.5  0.7  0.9
[4,]  0.1  0.3  0.5  0.7  0.9
[5,]  0.1  0.3  0.5  0.7  0.9
```

R에서 for는 루프(loop) 계산을 위한 기본 환경을 제공한다. 다음은 제1항과 제2항이 각각 $a_1 = 0$, $a_2 = 1$인 피보나치(Fibonacci) 수열을 제25항까지 계산한다. 즉,

$$a_i = a_{i-2} + a_{i-1}, \quad i = 3, \cdots, 25.$$

```
a <- rep(0,25)
a[1] <- 0
a[2] <- 1
for (i in 3:25) {
    a[i] <- a[i-2] + a[i-1]
}
matrix(a,5,5,byrow=T)
```

그 결과는 다음과 같다.

```
> matrix(a,5,5,byrow=T)
     [,1]  [,2]  [,3]  [,4]  [,5]
[1,]    0     1     1     2     3
[2,]    5     8    13    21    34
[3,]   55    89   144   233   377
[4,]  610   987  1597  2584  4181
[5,] 6765 10946 17711 28657 46368
```

R은 사용자가 함수를 만들어 쓸 수 있게 한다 (사실은 앞에서 이미 function을 쓴 바 있다). 사용자 함수는

```
function(arg.1, arg.2, ...) {
statement.1
statement.2
...
}
```

의 형태를 취한다. 다음은 $n \times n$ 거리행렬 $\mathbf{D}\,(=(d_{ij}))$의 각 행에 대하여 조화평균을 구하는 R 스크립트이다.[4] 즉, $\mathbf{D}$의 행 i의 조화평균

$$h_i = \frac{n-1}{\sum_{j \neq i} 1/d_{ij}}, \quad i = 1, \cdots, n$$

을 구하는 것이 목표이다. 사용자 함수 h()를 정의하여 계산을 수행하였다.

```
D <- matrix(c(0, 1, 1, 2, 1,
              2, 0, 1, 2, 3,
              1, 2, 0, 1, 2,
              Inf, Inf, Inf, 0, Inf,
              1, 2, 2, 3, 0), nrow=5, byrow=T)
h <- function(D,n){
     diag(D) <- Inf
     return(apply(1/D,1,sum)/(n-1))
     }
round(h(D,5),3)
```

여기서 round($number, k$)는 $number$를 소숫점 이하 k 자리를 갖도록 반올림한다. 결과는 다음과 같다.

```
> round(h(D,5),3)
[1] 0.875 0.583 0.750 0.000 0.583
```

5. 외부 데이터 파일 읽기

R에서 편하게 읽을 수 있는 외부 데이터 파일은 텍스트(text) 형식 또는 csv(comma separated variables) 형식의 것이다.

경우 1: 텍스트 파일 edgelist.txt

```
first second
1 2
1 3
1 5
2 3
```

4 거리행렬의 대각 요소는 0이고 비대각 요소들은 양(positive)이다. Inf는 무한값 ∞를 의미한다.

```
3 1
3 4
5 1
```

R에서 read.table()로 텍스트 파일을 읽는다. 첫 줄에 변수 명이 없는 경우에는 'header'를 F로 놓는다.

```
> read.table("edgelist.txt", header=T)
  first second
1     1      2
2     1      3
3     1      5
4     2      3
5     3      1
6     3      4
7     5      1
```

만약 제대로 읽히지 않았다면 그 이유는 십중팔구 데이터 파일의 위치가 잘못 지정되어 있기 때문이다. R Gui의 파일(File) 메뉴에서 디렉토리 변경(Change directory)을 제대로 해야 한다 (부록 1절).

불러들인 데이터를 추후 행렬로 활용하기 위해서는 as.matrix()를 쓴다.

```
> E <- as.matrix(read.table("edgelist.txt", header=T))
> E
     first second
[1,]     1      2
[2,]     1      3
[3,]     1      5
[4,]     2      3
[5,]     3      1
[6,]     3      4
[7,]     5      1
```

이제 E를 연결선 리스트로 하는 인접행렬 A를 만들 수 있다. 다음을 보라.

```
> A <- matrix(0,5,5)
> A[E] <- 1
```

```
> A
     [,1] [,2] [,3] [,4] [,5]
[1,]    0    1    1    0    1
[2,]    0    0    1    0    0
[3,]    1    0    0    1    0
[4,]    0    0    0    0    0
[5,]    1    0    0    0    0
```

경우 2: csv 파일 edgelist.csv

```
first, second
1,2
1,3
1,5
2,3
3,1
3,4
5,1
```

R에서 read.csv()로 csv 파일을 읽는다. 첫 줄에 변수 명이 없는 경우에는 'header'를 F로 놓는다.

```
> read.csv("edgelist.csv", header=T)
  first second
1     1      2
2     1      3
3     1      5
4     2      3
5     3      1
6     3      4
7     5      1
```

그 이후 작업은 텍스트 파일의 경우와 같다.

R에서 library(foreign)을 활용하면 SAS 데이터 파일과 SPSS 데이터 파일을 읽을 수 있다.

참고문헌

- 허명회 (2008). <R을 활용한 탐색적 자료분석>, 서울: 자유아카데미. [1장. R 언어]

- 허명회 (2010). <R을 활용한 행렬의 이해와 계산>, 서울: 자유아카데미.

참고문헌 REFERENCES

- 김용학 (2003, 2007). <사회 연결망 분석>, 서울: 박영사.
- 손동원 (2002). <사회 네트워크 분석>, 서울: 경문사.
- 허명회 (2008). <R을 활용한 탐색적 자료분석>, 서울: 자유아카데미.
- 허명회 (2010). <R을 활용한 행렬의 이해와 계산>, 서울: 자유아카데미.
- Butts, C.T. (2008). `network`: A package for managing relational data in `R`, *Journal of Statistical Software*, **24**(2).
- Butts, C.T. (2008). Social network analysis with `sna`, *Journal of Statistical Software*, **24**(6).
- Handcock, M.S., Hunter, D.R., Butts, C.T., Goodreau, S.M. and Morris, M. (2008). `statnet`: software tools for the representation, visualization, analysis and simulation of network data, *Journal of Statistical Software*, **24**(1).
- Goodreau, S.M., Handcock, M.S., Hunter, D.R., Butts, C.T. and Morris, M. (2008). A `statnet` tutorial, *Journal of Statistical Software*, **24**(9).
- Hanneman, R.A., and Riddle, M. (2005). *Introduction to Social Network Methods.* Available at `http://www.faculty.ucr.edu/~hanneman/nettext/`.
- Hunter, D.R., Handcock, M.S., Butts, C.T., Goodreau, S.M., and Morris, M. (2008). `ergm`: A package to fit, simulate and diagnose exponential-family models for networks, *Journal of Statistical Software*, **24**(3).
- Morris, M., Handcock, M.S., and Hunter, D.R. (2008). Specification of exponential-family random fraph models: Terms and computational aspects, *Journal of Statistical Software*, **24**(4).
- Suzuki, T. (2009). *Network Analysis* (Learning Data Science by R, Number 8). Tokyo: Kyorisu Publishing Company [Written in Japanese]. 鈴木 努. <ネットワ-ク 分析> (Rで まなぶ デ-タサイエンス No. 8). 東京: 共立出版.
- Venables, W.N. and Ripley, B.D.(2002) *Modern Applied Statistics with S*, The 4th Edition. Springer.

- Wasserman, S. and Faust, K. (1994). *Social Network Analysis: Methods and Applications.* Cambridge University Press.

R 스크립트와 자료 R Scripts and Datasets

R 스크립트

1장 2절, 3절:	simple example 1.r
1장 3절:	simple example 2.r
1장 3절:	simple example 3.r
1장 4절:	small world.r
2장 1절, 3절:	closeness centrality.r
2장 2절:	betweenness centrality.r
2장 4절:	graph centrality.r
3장 1절, 2절:	characteristics subgroups.r
3장 3절:	block modeling.r
4장 1절, 5절:	weighted psych.r
4장 2절, 4절:	weighted closeness.r
4장 3절:	weighted betweenness.r
5장 1절:	bipartite_1.r
5장 2절:	bipartite_2.r
6장 1절:	sna input.r
6장 2절:	sna neighbor.r
6장 3절:	sna tips.r
6장 4절:	sna graph.r
7장 1절:	zelig friendship.r
7장 2절:	erg modeling of fmh.r
8장 1절, 2절:	igraph part 1.r
8장 3절:	small world igraph.r
8장 4절:	igraph part 2.r
8장 5절:	page rank.r
8장 6절:	igraph part 3.r
8장 7절:	igraph weighted closeness.r

8장 8절:	weighted psych igraph.r
9장 1절:	watts-strogatz.r
9장 2절:	barabasi-albert.r
9장 3절:	aging-pref-att.r
9장 4절:	forest-fire.r
10장 2절:	make-up.r
10장 3절:	make-up.r
10장 4절:	make-up.r
10장 5절:	FMH-component1.r
부록 3절:	appendix matrix.r
부록 3절:	appendix eigen.r
부록 4절:	appendix apply.r
부록 4절:	appendix loop function.r
부록 5절:	appendix external.r

데이터 셋트

2장 1절:	knoke-infor.txt
2장 연습문제:	knoke-money.txt
7장 4절:	knoke-infor-edgelist-1.txt
7장 5절:	knoke-infor-edgelist.txt
7장 6절:	knoke-money-edgelist.txt
7장 8절:	psych_edgelist.txt
8장 연습문제:	karate_net.txt
10장 5절:	FMH.txt
부록 3절, 4절:	knoke-infor-0.txt
부록 5절:	edgelist.txt, edgelist.csv

찾아보기 INDEX

* R 용어

| 저자 약력 |

허명회(許明會)

서울대학교 자연과학대학 계산통계학과 (졸업)
미국 스탠포드대학교 대학원 통계학과 (통계학 박사)
현: 고려대학교 정경대학 통계학과 교수
E-mail: stat420@korea.ac.kr

저 서

R을 활용한 탐색적 자료분석
다변량 수량화
사회과학을 위한 통계적 방법
수리통계학 강의
탐색적 자료분석
통계적 개념 、방법 、응용
통계조사의 길잡이
행렬의 이해와 계산
외 여러 권

R을 활용한

사회네트워크분석 입문 (개정판)

| 저 자 | 허명회
| 발행인 | 김지영
| 발행처 | 자유아카데미
| 주 소 | 경기도 파주시 회동길 37-42
파주출판도시
| 전 화 | 031-955-1321
| 팩 스 | 031-955-1322
| 홈페이지 | www.freeaca.com
| 전자우편 | main@freeaca.com(대표)
editor@freeaca.com(편집)
crm@freeaca.com(영업)
| 등 록 | 제406-2003-017호, 1980. 7. 12
| 제2판1쇄 | 2012년 3월 5일 발행
| 제2판5쇄 | 2023년 1월 5일 발행
| 정 가 | 12,000원

ISBN 978-89-7338-942-1 93310